김상욱의 희망만들기

김상욱의 희망만들기

초판 1쇄 발행 2011년 12월 27일 | **지은이** 김상욱 | **발행인** 권선복 | **편집주간** 오성용 | **업무지원** 이란 | **디자인** 엄희주 | **마케팅** 이승훈 | **발행처** 도서출판 행복에너지 | **출판등록** 제315-2011-000035호 | **주소** 서울특별시 강서구 화곡동 24-322 | **전 화** 0505-666-5555 | **팩스** 02-0303-0799-1560 | **홈페이지** www.happybook.or.kr | **이메일** ksb6133@naver.com

값 15,000원

ISBN 978-89-966988-6-9 03040
Copyright © 김상욱, 2011.

김상욱의

희망 만들기

도서
출판 행복에너지

초발심을
새기는 마음으로

서울대학교에 합격한 후 광주를 떠나 장성 갈재의 호남터널을 지나면서 가슴 벅찼던 그 순간을 지금도 잊을 수 없다.

청운의 꿈!

7남매의 막내로 태어나 가족은 물론 주위의 기대를 한 몸에 받았던 나의 미래는 창창할 것만 같았다.

그러나 그 꿈은 채 1년도 되지 않아 꺾이고 말았다.

서울대학교에 입학한 나는 곧바로 운동권에 참여하기 시작하였고 당연히 학업은 뒷전일 수밖에 없었다. 우리들 세대가 많이들 그러했듯이 광란의 시대가 요구한 희생이었다. 군대를 다녀온 후 다시 공부를 시작하여 고려대학교 법대에 진학했지만 애초부터 법조인의 길을 걷고 싶은 생각은 많지 않았다. 한 번 꺾인 꿈을 온전하게 되찾기란 그 나이에 쉽지 않은 일이었다. 법대생이면 응당 사법고

시가 최우선이었음에도 나는 사람들과 어울려 놀기가 좋았다. 다시 운동권에 몸담고 싶지도 않아 마음 붙일 데가 없었다.

이 무렵 나를 다잡아 준 사람이 바로 지금의 아내이다.

마음을 다잡은 이상 뭔가를 선택해야 했고 그래서 우연히 접하게 된 안전기획부, 지금의 국정원에 응시를 해서 합격한 나는 정보 분야의 공직생활로 사회생활을 시작했다.

내가 생각해도 참 아이러니한 운명이다.

덕분에 나는 나고 자라면서 몸에 배인 고향의 정치성향과 대학 운동권에 몸 담았다가 제적될 만큼의 좌편향적 진보성향, 국가안보를 최우선의 가치로 여기는 국정원의 공직자로서 우편향적 보수우익 성향의 이념적 스펙트럼을 모두 갖게 되는 이력의 소유자가 되었다. 그런 탓에 국정원 재직 중에도 우여곡절이 많았다.

한 번 마음먹으면 끝을 보고야 마는 타고난 성격도 작용했겠지만 나는 주어진 업무에서 탁월한 능력도 발휘해 보았고 조직의 기강이 엄격할 수밖에 없는 체계에서도 곧잘 윗사람들과 부딪치는 일도 많았다. 국정원 역사상 전례가 없이 사무관, 서기관, 부이사관의 승진을 모두 특진으로 하기도 했다.

좌편향적 진보성향은 어쩔 수 없는 나의 운명이었는지 나는

1996년 당시 새정치국민회의 김대중 총재의 대통령 선거와 관련된 사건으로 2009년 국정원의 옷을 벗게 되었다.

그리고 새로운 길, 아니 어려서부터 키워 온 꿈을 향한 첫걸음을 시작하고자 한다.

꿈은 깨져야 삶으로 굽이친다던 옛날 친구의 농담 같은 소리가 비로소 와 닿는 것은 내가 이 세상에서 가장 잘 할 수 있는 것이 무엇인지 오랜 고민 끝에 꿈을 깨고 보통의 사람들이 선택하기 쉽지 않은 길을 선택하는 이 순간의 가슴 떨림 때문인지도 모르겠다.

이제 새로운 희망을 만들어 볼 생각이다.

나만을 위한 희망이 아니라 서울대학교 합격통지서를 받고 장성의 갈재를 넘어오면서부터 가슴에 품었던 세상을 위한 청정한 희망.

행동하는 양심들과 함께 참여 민주주의를 통한 희망공동체를 만들어 가는 것이다.

사실 내가 몸담고 있었던 조직의 특성과 살아 온 이력의 별 볼일 없음이 이 글을 쓰는데 적잖이 망설이게 했다. 그럼에도 무식의 용기를 앞세워 이렇듯 장황한 이야기를 내놓는 것은 앞으로 내가 잃지

김상욱의 희망만들기

말아야 할 초심을 다짐받아 두기 위함이다. 이런 결심을 실행에 옮길 수 있기까지 힘을 보태 준 아내와 두아들, 민수와 현우에게 감사하다. 또한 지면을 통해 특별한 인연이 없음에도 앞으로 잘 해보라는 격려로 나를 따뜻하게 맞아 준 시흥시호남향우연합회 회장님과 임원진, 그리고 각 군회장님 비롯한 향우 여러분께도 머리 숙여 감사의 인사를 드린다.

그리고 한동안 같이 몸담고 살았던 국가정보원 동료 선후배들에게도 내 결심과 고마운 마음을 전한다.

2011년 12월

경기도 시흥에서 김 상 욱

차례

고향으로 가는 길

제1장

어머니! 당신의 고단한 삶에서
세상을 배우고 물정을 깨쳤습니다
고향 산천에 흐드러진 철쭉을 볼 때마다
당신이 몹시도 그립습니다

어머니!
당신이 그립습니다.

　　풍수지탄이라고 했다. 살아계신 것만으로도 고마운 일이라는 것을 술잔을 나누다가도 갑자기 눈시울 붉히며 슬며시 자리를 떠나 전화에 대고 나지막하게 누군가와 통화를 하고는 시치미를 뚝 떼고 앉아 엷은 미소로 겸연쩍어하는 친구를 볼 때마다 느낀다. 친구는 술자리에서 가끔 그렇게 어머니와 통화를 하고는 한다.

　　결국 이 나라의 정치지형에 지각변동을 일으킨 사건으로 치달았지만 그 역시 어머니의 마음을 제때, 제대로 헤아릴 줄 몰라서 벌어진 사단인즉, 무상급식을 둘러싼 서울시장 중심의 정치권 갈등은 한동안 나를 몹시도 슬프게 만들었고, 아직은 설익었을지언정 정치를 해야겠다는 결심을 굳히게 만들었다. 중, 고등학교 시절 나는 어머니가 싸준 도시락이 그렇게 창피할 수가 없었다. 쌀 한 톨 섞이지 않은 도시락을 친구들 앞에 내놓는 것도 내키지 않았지만 혼합식을 장려한답시고 학생들의 도시락을 검사하던 그 시절 선생님께서 내

김상욱의 희망만들기

도시락의 거무튀튀한 꽁보리밥을 확인하시는 것은 더더욱 싫었다. 그래서 도시락 검사가 있는 날이면 나는 어머니 모르게 부엌의 찬장 밑이나 심지어 내 책상 밑에 도시락을 숨겨놓고 가져가지 않았다. 학교에 가서는 깜빡 잊어버리고 안 가져 온 것처럼 행동하며 다른 아이들의 도시락을 몇 숟갈씩 뺏어먹기도 했었다.

어느 날 집에 돌아와 도시락을 찾아보니 이미 깨끗하게 씻겨 찬장의 선반 위에 놓여 있었다. 어린 마음에도 숨겨놓았던 도시락을 씻으시며 눈물 흘리셨을 어머니께 너무나 죄송하였고, 그 죄송했던 마음은 지금까지 내 가슴 깊숙이 박혀 있다가 서울시장의 무상급식 갈등을 보면서 고스란히 살아온 것이다.

개천에서 용 났나며 가난이 자랑이기도 했던 시대는 지났다. 그렇다고 가난까지 사라진 세상은 아니다. 아이들에게 가난과 부자의 차이는 큰 집과 셋방살이가 아니라 입고 있는 옷이고 학교에서 서로 재잘거리며 나눠 먹는 도시락의 차이가 더 큰 것이며, 그런 것을 속울음으로 지켜볼 수밖에 없는 어머니들의 마음이라는 것을 그 사람들은 왜 모르는 것일까?

그들을 보면서 늘 자신에게 다짐하고는 했다. 무릇 정치란 사람의 마음을 움직이는 것이라 했는데, 사람의 마음을 헤아리지 못하는 정치가 어찌 사람의 마음을 움직일 수 있겠는가?

어려서부터 정치를 하고 싶어 했던 나는 이제 그 꿈을 향한 첫발을 시작하려고 한다. 내가 숨겨놓은 도시락에 담긴 꽁보리밥을 돌보다 더 아프게 삼키시고 다시 그것을 씻기까지 어머니 가슴에 한없이 흘러내렸을 그 눈물만큼은 아니지만 서울시의 무상급식 갈등을 지켜보면서 울컥했던 그 마음을 수시로 꺼내 확인하고 또 확인하며 내 꿈을 향해 한 걸음 한 걸음 걸어갈 생각이다.

김상욱의 희망만들기

소통을
배우다.

　　고등학교 시절 나는 범생이는 아니었다. 광주에서 고등학교를 다녔던 나는 공부도 상위권이었지만 흔히 말하는 껄렁껄렁한 아이들의 대장노릇하기가 좋았다. 덕분에 중간에 잠시 학업을 중단할 수밖에 없는 우여곡절 끝에 졸업을 할 수 있었지만 아이들과 어울리기를 좋아하였고, 특히 시골에서 광주로 유학을 온 친구들의 편을 들어주는 것은 그 시절 내가 할 수 있는 최고의 ‘멋진 일’이었다. 추렴을 해서 어디를 놀러가거나 내기 축구시합을 할 때면 나는 어김없이 시골에서 올라와 어렵게 자취생활을 하고 있는 친구들을 추렴에서 제외시켜주고는 하였다. 나의 그런 일방적인 주장에 별다르게 시비를 걸거나 반대하는 아이들은 없었다. 혹시 마음에는 내키지 않았을지 모르지만, 그러던 어느 날 뜻밖의 일을 겪게 되었다. 한 친구가 내 자랑스러운(?) 행동에 버럭 화를 내는 게 아닌가! 저를 생각해준다고 한 행동이었지만 되려 친구는

"니가 뭔데 우리한테 내라 마라 하고 지랄이야!"

평소 말수가 적었던 그 녀석의 갑작스러운 항변은 나를 적잖이 당혹스럽게 만들었다.

"우리도 낼 수 있는데 왜 니가 나서서 우리를 바보로 만들어 임마! 웃기는 새끼네."

나는 그 순간 뒤통수를 한 대 얻어맞은 것 같았다. 그랬다. 나는 좋은 뜻으로 친구들을 위한답시고 베풀었던 호기였지만 그들에게는 오히려 기분 나쁘고 자존심 상하는 일이었다.

민주주의란 그런 것이었다. 다수의 뜻이라 하더라도 소수의 입장을 배려하는 절차가 있어야 하고 절차에서 가장 중요한 것은 소통이라는 사실을 그 친구의 항변을 통해 배우게 되었다. 뿐만 아니라 아무리 선의라 해도 소통 없이 일방적이면 갈등의 원인이 되기도 한다는 것을 경험하게 되었다.

정보통신 기술의 발달로 소통이 쉬워진 것 같지만 정작 누군가를 간절하게 그리워하며 편지를 써 본 사람은 안다. 몇 번이고 썼다 지우기를 반복하지만 내용은 자신의 마음을 전달하려는 것일 뿐, 표현의 차이임에도 편지 한 장을 쓰느라 밤을 지새운 적도 있다. 진심을 전하기 위해서다. 진심이 가장 잘 드러나는 표현을 찾느라 애를 쓰다보면 상대에 대한 이해와 배려가 저절로 깊어진다. 그리운 마음을 속되지 않게 드러내고 싶었던 첫사랑의 연애편지를 쓰는 마음으로 소통하는 사회는 갈등은 있을지언정 대립은 없을 것이라 생각한다.

갈등은 생산적이지만 대립은 소모적이라는 점에서 우리 사회, 특히 정치 분야에서 소통하는 자세와 노력이 필요하다는 생각은 나만의 바람일까?

약무호남
시무국가

조선 정조 19년(1795년)에 유득공이 왕명에 의해 편찬한 '충무공 전서'의 서간문 모음집에 실린 '약무호남 시무국가'라는 말은 충무공이 당시 사헌부 지평 현덕승에게 보낸 편지의 일부이다.

2006년 10월 김대중 대통령이 전남도청을 방문했을 때 방명록에 '무호남 무국가'라는 말을 적고 다시 그 밑에 '충무공 왈'이라 쓴 후부터 이 말은 호남을 의향으로 소개할 때 즐겨 쓰는 표현이 되었다.

그런데 이 말의 해석을 놓고 한때 식자들 간에 논쟁이 일기도 하였다. 어떤 이는 "만약 호남이 없었으면 역시 국가도 없었을 것이다"라고 해석하여 충무공이 호남인들의 우국충정을 칭송한 것이라 하였고, 또 어떤 이는 "호남이 없으면 국가도 없을 것이다"라고 하여 당시 호남을 방어하지 않으면 국가 전체가 위태로울 것이니 호남을 잘 방어해야 한다는 전략, 전술 상의 의미에 불과하다며 단장취의(斷章取義)라는 표현까지 써가며 이 말의 해석에 경계를 하기도 했다. 식자들의 입장에서 옛 문헌에 대한 정확한 해석을 위해 논

김상욱의 **희망만들기**

쟁을 하는 것은 당연한 일이라 생각한다. 그럼에도 나는 어딘가 모르게 이 논쟁을 보면서 씁쓸한 기분을 떨쳐버릴 수가 없었다. 옛 선현의 말씀에 대한 해석까지도 지역감정과 대립이라는 우리 정치사의 부끄러운 현실이 작용하고 있다는 생각 때문이었다.

임진왜란의 의병활동과 동학농민혁명, 광주학생독립운동과 5.18민주화운동, 일일이 열거하지 않더라도 국가와 민주주의의 위기를 극복하는데 호남의 희생은 우리 역사의 면면에서 확인되고 있으며, 마땅히 그 희생은 제대로 평가받아야 한다. 역사적 사실마저도 미움과 질시의 대상이 되고 정치적으로 악용되어 온 우리 사회의 부끄러운 단면은 이제 바로잡아져야 한다.

아직도 우리 사회 일각에서는 5.18민주화운동에 대해 북한의 사주에 의한 폭동이라며 해괴한 증거들을 앞세워 역사왜곡을 서슴지 않는 세력들이 존재하고 있다. 이미 두 전직 대통령을 포함한 학살 책임자들이 법정에 세워져 단죄되었고, 관련 희생자들은 법률에 의해 국가유공자로 예우를 받고 있음에도 과거의 지역감정이라는 악령에서 벗어나지 못하고 있는 세력들이 존재하는 한, 우리 사회의 민주화의 진전은 여전히 진행형이라고 볼 수밖에 없다.

불행했던 과거를 청산하는 것은 그러한 과거를 되풀이하지 않으려는 사회적 노력의 결과물이다. 3김 정치 시대가 막을 내리면서 지역감정을 이용하는 정치세력들은 많이 줄어들었다. 정치지형과 패

러다임이 바뀌고 있기 때문에 그것을 악용한다고 한들 먹혀들 시대
도 아니다.

호남과 영남은 지역을 구분하는 명칭일 뿐 그곳에 살고 있는 사
람들의 감정의 경계선이 아니다.

어쩔 수 없는
전라도 촌놈

어릴 적 나는 촌놈이라는 소리가 참 싫었다. 아마도 상대를 비하하는 의미를 담고 있어서겠지만 특히 남에게 지기 싫어하는 내 성격 탓도 적지 않은 것 같다. 그러나 나이가 조금씩 들면서 촌놈이라는 표현은 고향이라는 말과 섞여서 그리 싫지만은 않은 소리가 되고 있다.

지금 우리들 고향이 벼랑 끝으로 내몰리고 있다. 가끔 광주를 오갈 때마다 KTX차창 밖으로 보이는 들녘을 보며 지리한 장마와 혹독한 가뭄을 견뎌왔을 터인데 이제 저 드넓은 들녘에서 무슨 희망을 이야기할 수 있을까 생각하며 서글퍼진 적이 몇 번 있다.

일제강점기에는 소작농으로 전락하여 남도전역이 머슴살이나 진배없었고 해방 후를 거쳐 산업화 시대에는 농촌경제의 무조건적 희생을 강요 당해야 했으며, 이제 세계화 시대라고 하여 무역협정으로 마지막 숨통마저 조이고 있는 남도의 들녘. 어디 그 뿐인가! 고부에서 시작하여 남도를 휩쓸었던 갑오농민혁명에서 시작하여 소작쟁의와 항일의병 투쟁으로 저 들녘에서 얼마나 많은 사람들이 원

혼으로 쓰러져 갔는가? 산업화 시대인 6,70년대에는 젊은 일꾼들 모두 값싼 노동자로 빼앗기고 나이든 노인들만 마지못해 입에 풀칠하며 살아 온 들녘이 아닌가? 이러다가 정말 우리들 고향은 뿌리 채 뽑히고 마는 것은 아닐까 싶어 한숨이 저절로 나온 적이 있었다.

아이들 웃음소리가 끊긴 지는 너무 오래되어 기억조차 가물거리는 농촌. 그 곳에 살고 있는 사람들의 그을린 삶과 주름살 골골마다 깊게 배여있을 회한을 외면하고서는 온전한 행복국가는 실현될 수 없다는 것을 직시해야 한다. 도시와 농촌의 양극화 또한 지금 우리 사회가 반드시 넘어야 할 또 하나의 큰 숙제가 아닐 수 없다. 근본을 저버리고는 그 어떤 가치도 오래갈 수 없기 때문이다.

그럼에도 고향은 나에게 불편함보다는 포근함을 주는 곳이고 늘 찾고 싶은 곳임에는 틀림없다. 나고 자라면서 누구나 갖게 되는 고향에서의 생물학적 기억을 제외하면 나에게 어릴 적 고향에 대한 기억은 몇 마디의 단어로 요약될 것 같다.

김대중 전대통령을 상징으로 하는 정치적 핍박과 경제적 소외가 그것이다. 어려서부터 정치에 유난히 관심이 많았던 나는 서울대학교에 진학해서 이른바 운동권에 참여했다가 제적된 후 다시 고려대학교 법대에 진학했다. 여전히 나에게 세상의 화두는 그 두 가지였지만 주위의 만류에도 불구하고 국정원 시험에 합격해 공무원의 길을 걸었다. 그리고 김대중 전 대통령의 선거와 관련된 사건으로 어

김상욱의 희망만들기

쩔 수 없이 옷을 벗었으니 김대중 전대통령은 내 삶에 적잖은 영향을 주신 것만은 분명하다.

어찌 나 뿐이겠는가? 흔히들 386이라 일컫는 세대들에게 김 전대통령은 행동하는 양심을 주문하였고 우리 세대들은 젊은 시절 반독재 민주화 투쟁을 시대의 소명으로 여기며 살아 왔다.

내가 전라도 촌놈이라는 표현에 대해 너그러워질 수 있었던 것도 어쩌면 그 분의 영향이 아닐까 싶다. 어려서부터 정치에 관심이 많았던 나에게 김대중 전 대통령에 대한 고향 어르신들의 동경납치 사건을 비롯한 이런저런 이야기들은 마치 전설과도 같았다. 광주에서 고등학교에 다니고 있던 1980년 5월, 당시 광주사태로 불렸던 5.18민주화운동의 배후조종 혐의로 김대중 전 대통령이 사형선고를 받게 되면서 광주를 비롯한 호남의 정치적 소외와 핍박은 극에 달했다. 나에게는 전설과도 같았던 그 분이 '빨갱이' 이가 되어 사형선고를 받게 되었다는 사실은 충격이 아닐 수 없었다. 이미 광주에 살고 있었던 사람들은 5.18민주화운동이 어떻게 시작되었고, 어떤 과정을 통해 시민들이 항쟁에 참여했는지를 알고 있던 터였다. 신군부 세력에 의해 철저하게 유린된 호남의 중심도시 광주와 김대중이라는 정치적 희망! 그 참혹한 정치적 시련을 직접 보고 들었던 나는 고등학교를 졸업하고 서울대학교에 진학하면서 자연스럽게 운동권에 참여하게 되었다.

우리 세대에게 1980년은 강의실보다는 거리에서 최루탄을 뒤집어쓰고 살아야 했던 광란의 세월이었다. 미치지 않고서는 숨조차 제대로 쉴 수 없을 만큼 암울하고 고통스러운 상황에서 더구나 광주의 참상을 직접 보고 겪었던 나와 같은 사람들에게 선택의 길은 하나 뿐이었다. 저항이었다. 정권을 유지하기 위해 국민의 목숨 따위는 안중에도 없던 폭압의 세월과 정면으로 맞서는 길 외에 달리 갈 길이 없었다. 김지하 시인의 저 유명한 산문 '풍자냐 자살이냐'에 빗대어 우리들이 즐겨 썼던 표현은 '직설이 아니면 타살의 시대'라고 했다. 사실이 그랬다. 군부독재에 저항하기 위해 목숨을 던지는 친구들도 많았고 정권의 탄압에 목숨을 빼앗기는 친구들도 많았다. 분신과 투신, 고문치사와 의문사! 이 모든 비극들이 지금의 대학생들에게는 먼 나라의 참담한 일들이라 여겨지겠지만 우리나라에서 불과 2,30년 전에 벌어졌던 엄연한 현실들이었다. 이제 이 나라 민주제단에 바쳐진 그 분들의 장엄한 희생 위에 오늘의 자유와 민주주의를 누릴 수 있는 반듯한 대한민국이 서 있는 것이다.

민주열사로 불리는 이들의 절대다수가 호남출신이라는 점은 그냥 우연한 일일까? 앞 장 약무호남 시무국가에서 이미 이야기했지만 이들의 희생은 호남의 역사와 결코 무관하지 않다고 생각한다. 새삼스럽게 고통의 시대를 다시 한 번 되새기는 것은 정치입문을 앞두고 이 분들의 희생을 잊지 않으려는 자신과의 약속을 상기하려는 것이다.

김상욱의 희망만들기

가진 것을 빼앗기는 것도 모자라 오히려 죄까지 뒤집어쓰고 핍박을 받아야 했던 사람들이 살아 온 땅. 그곳이 나의 고향이고 유년의 모든 기억이 배여 있는 곳이다.

역사는 우연을 가장한 필연이라고 했다.

아우슈비츠 수용소에서 살아남았던 생존 작가이자 정신분석학자인 프리모레비의 '이것이 인간인가?' 라는 책에서 읽은 내용이 생각난다. "인간의 존엄을 지키기 위해 마지막 순간까지 저항하라고. 그것만이 저들의 폭압을 정당화시켜주지 않을 것이며, 내가 이곳에서 살아남아야 하는 이유를 갖게 되는 것" 이라고.

이제 우리 사회는 더 이상 국민의 생존권을 부당한 국가권력을 앞세워 유린하는 상황이 재현되지 않을 만큼의 민주주의 발전을 이루었다. 부당한 권력을 유지하기 위한 부당한 권력의 행사를 폭로하고 그 권력에 저항하면서 수많은 이 땅의 젊은 목숨들이 쓰러져간 민주대장정의 역사. 그 역사의 필연적 결과물로 이룩한 민주화이다.

하여 나는 내 고향의 역사가 소중하고 내 고향이 자랑스럽다. 다만, 그 암울했던 역사가 되풀이되지 않도록 오늘을 살아가는 모든 사람들이 민주발전 과정에서 희생되신 분들의 숭고한 뜻과 정신을 기억하는 세상이 되기를 간절히 바라는 희망과 함께.

　　인천지부에 근무할 당시 직장동료와 함께 찾았던 경기도 시흥시! 어딘가 모르게 내 고향을 닮았다는 생각을 한 적이 있었다. 인간의 끝없는 욕망이 팽창시켜 놓은 수도권 대도시들 틈에 끼어 여전히 전체 면적 70% 이상이 자연녹지인 이곳을 제2의 고향으로 삼겠다 마음먹은 것도 어쩌면 내 고향과 많이도 닮았다는 생각 때문인지 모른다. 지천명의 나이에 새로운 전환점을 찾아 새로운 길을 시작하려는 나에게 '전라도 촌놈'의 피가 흐르고 있다는 사실을 잊지 않으려는 나름의 또 다른 약속임은 더 말할 나위도 없다.

김상욱의 희망만들기

"고향 산천에 흐드러진 철쭉을 볼 때마다
부모님이 몹시도 그립습니다."

"내일이 있고 함께 꿈 꿀
가족이 있어 행복합니다."

공직에서 희망 찾기

제2장

역사에 새겨진 당신의 이름

김대중

당신에게 영향을 받아 이 길을 가고 있습니다

행동하는 양심만이

정의를 말하고 자유를 지킬 수 있다는 말씀을

제 가슴에서 다시 확인합니다

경제대국의 기술보호와 산업기술보호협회
그리고 현대자동차.

대한민국의 경제력은 세계 10위권 안팎이다. 제3의 혁명이라 일컫는 정보통신의 기술은 이미 세계일류의 수준에 올라서 있다. 자동차 산업에서 한국의 현대자동차는 미국이 한미 FTA협상을 하는 과정에서 가장 두려워하는 기업으로 성장했다.

그런 대한민국의 산업기술보호 수준은 김대중 정부에 이르러서야 본격적인 국가의 중요한 업무가 될 수 있었다. 김대중 대통령이 취임하고 처음 국정원을 방문했을 때, 김대중 대통령은 국정원에서 준비한 자료를 세세히 직접 검토했다고 한다. 그리고 내린 결론이 국정원의 인력과 첩보역량을 정치와 기관의 사찰이 아닌 산업기술을 보호하는 업무로 전환하라는 지시였다.

기업의 기술보호는 국가가 해야 할 당연한 일이었음에도 그전까지는 이런 일을 담당하는 국가기관마저 존재하지 않았던 것이 우리나라의 현실이었다. 기업이 수십억 원을 들여 기술을 개발했다가 그 기술이 고스란히 다른 나라에 넘어가면 국내기업은 속수무책으로 당할 수밖에 없었고, 그로 인한 국부유출은 계산할 수도 없었다. 이미 오래 전부터 세계의 모든 경제대국들이 자국의 기술은 물론, 지적재산권을 보호하기 위해 막대한 투자와 국가차원의 지원이 이루어지고 있었음에도 우리나라는 김대중 정부가 들어서면서 본격화되기 시작한 것이다.

나는 국정원에 몸담고 있는 동안 내가 그 분야의 핵심적인 직무를 맡게 된 것을 정말 행운으로 여기고 자랑스럽게 생각한다. 여전히 국정원에 대해 과거의 정보부나 안기부 시절 간첩단 사건 조작을 위한 고문수사의 산실로 여기는 부정적 시각이 존재하고 있는 것이 사실이다. 그러나 국정원의 중요한 업무 중의 하나가 국가의 산업기술과 지적재산권을 보호하고 국부유출을 막는 일이며, 나는 그 중요한 임무를 담당하면서 많은 일을 경험했다.

나는 지금도 현대자동차 그룹에 대한 고마움을 잊을 수 없다. 내가 국정원에서 기업의 산업기술을 보호하는 업무를 하는 동안 가장 크게 느꼈던 어려움이 개발과정에 있는 기술의 정보와 그 정보를 분석하는 일이었다. 활동 과정에서 수집된 기술정보를 분석하고 그 기술이 국내 기업에 미치는 영향과 부가가치는 물론, 기술이 적용되는 생산라인에 대해서는 해당 기업이나 해당분야의 전문가들이 가장 잘 알고 있을 수밖에 없다. 국가기관인 국정원의 공무원들이 전담하는 것은 비효율적일 수밖에 없었다. 더구나 업무의 초기 단계에서는 시행착오가 많을 수밖에 없기도 했다. 그래서 나는 국정원에서 담당하고 있던 업무의 상당부분을 기업이나 민간단체로 이전해야 한다고 생각하였고, 내부의 일부 반대 움직임에도 불구하고 기업이나 민간단체로 이관시키기 위해 지금의 산업기술보호협회를 구상하고 기업의 협조를 요청했다.

국정원 내부에서는 조직의 중요한 업무의 상당부분이 민간단체로 이전되는 것을 당연히 반대할 수밖에 없었다. 심지어 산업기술보호협회가 만들어진 후 나와 함께 일을 했던 팀원들은 내부에서 질시의 대상이 되기도 하였다. 혹시 개인적으로 기업으로부터 자금을 제공 받거나 다른 이권을 챙길 수도 있었겠다는 의혹의 눈초리도 있었다. 다행스럽게도 나와 함께 일했던 팀원 누구도 비리가 확인되지 않았던지 결국 산업기술보호협회가 국내 기업들의 투자를 바탕으로 만들어졌다. 관련 법률까지 제정되어 이제 국가산업기술을 보호하는 중요한 역할을 수행하고 있다.

처음에는 기업들의 동의와 협조를 이끌어내는 것도 쉽지 않았다. 마치 국정원이 거액의 자금을 조성하려는 것으로 오해를 하기도 했고, 협회의 활동에 선뜻 거액의 자금을 내놓는 것도 부담스러워했다. 나는 당연히 기업들은 나의 제안에 쉽게 동의하고 오히려 더 적극적일 것이라 생각했으나 국가기관의 업무라고만 생각하고 있던 기업들의 참여를 이끌어내는 것 역시 만만치 않은 일이었다. 이 때 현대자동차 그룹 측에서 내 뜻을 이해하고 선뜻 거액을 출연해주었다. 너무나 고마웠다. 안팎으로 어려움을 겪고 있었던 나에게 현대자동차의 결심은 이 일에 대한 자신감과 사명감을 갖게 해주었다. 내부의 극심한 반대도 무릅쓰고 현대자동차에서 내놓은 자금을 종자돈으로 다른 기업들을 더 적극적으로 설득할 수 있었다.

지금 생각해보면 현대자동차는 산업기술의 효율적인 보호는 국가기관과 기업이 함께 추진해야 한다는 것을 인식하고 있었고, 특히 중국과 미국 등의 해외에 공장을 건설하고 운영하는 과정에서 국정원 직원들의 현장 활동만으로는 제대로 대응할 수 없다는 것을 가장 잘 이해하고 있었던 것 같다. 그런 현대자동차의 기술보호에 대한 상황인식과 세계시장의 개척을 향한 철저한 준비가 있었기에 현대장동차가 지금처럼 명실상부한 한국의 대표기업이자 글로벌 브랜드로 성장할 수 있었을 것으로 생각된다.

막대한 자금을 들여 개발한 기술과 디자인이 해외법인에서 그대로 유출되었다면 현대자동차의 공격적인 해외시장 진출과 성장은 이보다 훨씬 더뎠을 것이다. 물론 기술유출로 입게 될 손실을 돈으로 환산한다면 상상을 초월하는 액수임은 더 말할 나위도 없는 일이다.

몇 년 전에도 국정원에서 휴대폰 관련 핵심기술을 해외로 유출하려는 조직적 활동에 대한 첩보를 입수하고 이들이 기술을 유출하기 직전에 모두 검거해 8조원에 이르는 국부유출을 막았던 적도 있었으며, 나 역시 이와 관련된 업무를 하는 과정에서 몇 건의 기술유출 시도를 막았고 그 기술의 부가가치를 환산하면 수조원대에 이를 것으로 추정된다.

기업의 경쟁력과 성장의 핵심은 기술개발과 정보라는 것쯤은 어린아이도 알고 있다. 기업의 기술과 창의력이 곧 국가경제의 근간임에도 우리나라는 국가가 직접 나서서 기업과 함께 머리를 맞대고 산업기술을 보호하기 위한 제도를 마련한 것은 2000년대에 들어와서야 본격적으로 시행될 수 있었던 것이다.

산업기술보호협회의 기술보호본부에는 퇴임한 국정원 직원들 중에 관련 업무의 능력과 경험을 가지고 이곳에서 일을 하는 분들도 많다. 대부분의 국가와 기업이 공동으로 투자한 기관에 퇴임한 고위공무원들이 자리만 차지하고 있는 것과는 달리 이곳에 몸담고 있는 전직 국정원 직원들은 재직 당시의 업무를 그대로 발휘하고 있는 것이다.

비록 다른 선진국들에 비해 늦었지만 산업기술 보호를 위한 제도적 기틀을 만들어가는 초기단계에서 현대자동차의 빠른 결정은 지금의 산업기술보호협회를 만들고 관련 법률까지 제정하는데 결정적 도움을 주었고, 나는 공직자로 재직하는 동안 내가 한 가장 보람 있는 일을 마침내 성사시킬 수 있었다는 점에서 다시 한 번 현대자동차 측에 감사의 뜻을 전하고 싶다.

산업기술보호협회는 현재 기술보호에 관한 정책의 개발과 지원, 산업기술 보호를 위한 인력과 프로그램, 정보 등을 기업에 지원하는 한편, 해외 산업보안기관과 긴밀한 협력에 이르기까지 다양한 활동을 하고 있다.

김대중 전 대통령과의 인연

1997년 12월 17일, 우리 헌정사에서 처음으로 수평적 정권 교체가 이루어지던 그날 당선이 확정된 후 나는 광주의 5.18민주광장으로 나갔다. 당시는 전남도청 앞 광장으로 불렸던 이곳은 1980년 이 나라 민주주의 발전사에 큰 분수령이 되었던 5.18민주화운동의 상징적 공간이자, 항쟁 과정에서 가장 많은 희생자들이 발생한 곳이다. 뿐만 아니라 5.18민주화운동의 진실규명과 민주화의 실현을 향한 투쟁과정에서 희생되신 수많은 민주열사의 장례식이 치러진 곳이기도 하다.

광장에 도착해보니 예상했던 대로 이미 많은 사람들이 모여 축제분위기를 이루고 있었고, 광장 주변에는 포장마차들이 분위기를 돋우고 있었다.

지인들과 함께 포장마차에 들어서는 순간 나는 예상 밖에 상황에 당황하지 않을 수 없었다. 광장에서는 풍물패와 함께 어우러진

김상욱의 희망만들기

시민들이 축제를 벌이고 있는데 포장마차 안의 분위기는 너무 달랐다. 광장의 달뜬 분위기와는 다르게 포장마차 안에서는 진지한 토론이 벌어지고 있었다. 더욱 나를 놀라게 한 것은 토론의 내용이었다.

"김대중 씨를 대통령으로 만들었으니 호남의 한을 풀었다. 이제 우리가 김대중 대통령의 발목을 잡아서는 안 된다. 이 분이 통일 대통령이 될 수 있도록 호남은 지역감정을 넘어서야 하고 기득권을 앞세우거나 무얼 바라지도 말아야 한다. 역사에 남는 대통령이 되도록 우리가 뜻을 모아줘야 한다. 1980년 5월 여기서 김대중 석방! 민주주의 만세!를 외치며 신군부의 총칼에 쓰러져 간 5.18영령들의 뜻이 그것 아니겠느냐!"

민주주의 만세, 김대중 대통령 만세를 외치며 잔을 치켜들었다가도 사람들은 더없이 진지한 토론을 이어가고 있었다. 새로운 시대, 새로운 역사의 출발은 그렇게 또 다시 첫걸음을 시작하고 있었다.

새정치국민회의 김대중 대통령후보의 당선! 이 역사적 전환점에 나 역시 삶의 전환점을 맞게 된다. 아이러니하게도 개인적으로는 대학을 졸업하고 사회에 첫발을 내딛고 난 후 처음으로 맞는 시련의 시작이었다.

1997년 11월 3일 제15대 대통령선거를 앞두고 당시 두 야당인 새정치국민회의와 자민련이 대통령후보 단일화에 전격 합의 하면서 김대중 새정치국민회의 총재는 야당의 사실상 단일후보로 확정

되었다.

본격적인 선거가 시작되면서 선거에 영향을 미치기 위한 이른바 북풍사건과 총풍사건이 벌어졌다. 정권이 바뀌면서 관련된 사람들의 검찰 수사 및 재판결과에서 확인되었듯이 대부분의 내용은 여당 후보를 유리하게 만들기 위해 국정원의 전신인 국가안전기획부가 주관한 조작극들이었다. 한동안의 세월이 지난 2007년 12월 북경에서 출판기념회를 갖고 출간된 허동웅 씨의 '북풍사건' 이라는 책을 통해서 세상에 더 구체적으로 알려지게 된 그 사건의 중심에는 안기부가 있었고, 나는 안기부에서 정치권을 담당하는 업무를 하고 있었다.

1993년 김영삼 대통령이 당선된 후 군부정치가 사실상 막을 내린 후 민주화가 진전되고 있었지만 여전히 정부와 여당은 정권을 유지하기 위해 할 수 있는 모든 수단을 동원하였고, 그 결정판이 이른바 북풍사건이었다.

선거를 1년 앞둔 1996년 하반기부터 정국은 대통령선거를 향해 달궈지고 있었다. 어느 때보다 정권교체의 실현가능성이 높아보였고, 정권교체는 곧 민주화의 진전을 의미하는 것이었다. 18년 유신독재와 신군부의 서슬 퍼런 폭압을 넘어 문민시대에 접어든 우리 사회는 비로소 국민의 선택에 의한 수평적 정권교체라는 민주발전의 획기적 전환점을 향해 치닫고 있었다.

나 역시 비록 안기부라는 국가정보기관에 몸담고 있는 공무원 신분이었지만 당시 정권교체에 대한 열망과 바람은 여느 국민들과 조금도 다를 바 없었다. 나는 정치권을 출입하면서 알게 된 박지원 당시 새정치국민회의 기조실장에게 개인적으로 염려되는 부분에 대해 조언 할 수 있는 자리를 우연히 갖게 되었다. 아직 안기부 고위층에서 극비리에 진행되고 있는 북풍사건 등에 대해 구체적으로 알 수 없었으나 북한에서 파견된 간첩들이 야당 대통령 후보에게 접촉을 시도할 수도 있다는 점과 만약 그런 상황에 대비하지 않으면 선거상황에서 위험해질 수도 있다는 개인적인 조언을 하였다.

나중에 모든 사실들이 확인되었지만 실제 안기부 내에서 야당 대통령후보를 음해하기 위한 치밀한 계획이 진행되고 있던 시점이었다.

박지원 당시 실장은 내 조언을 그냥 흘려듣지 않고 대통령선거 핵심관계자들과 대통령 후보의 주변에 대한 대책을 점검했다고 한다. 이후 선거기간 내내 북풍사건과 관련하여 여야 간에 치열한 공방이 계속되었고, 1997년 대통령 선거에서 가장 큰 쟁점이 되었다.

위에서 말한 대로 박지원 실장에게 개인적인 조언을 하고난 직후인 1996년 9월 나는 느닷없이 지방으로 발령을 받아 광주로 내려가야 했다. 내부정보를 야당에 유출했다는 혐의로 자행된 인사권의 전횡이었지만 나는 스스로 내가 몸담고 있는 조직과 민주주의 발전을 향한 역사의 도도한 흐름에 털끝만큼의 거리낌도 없을 뿐만 아니라 정권이 바뀐 후에도 김대중 정부로부터 개인적인 특혜를 받지도 요구하지도 않았다는 점에서 지금 이 순간에도 양심에 부끄러움이 없음을 자부한다.

김대중 대통령이 취임한 후 북풍사건의 실체적 진실규명이 시작되었다. 국회에서 시작되어 검찰의 수사로 이어지면서 북풍사건이 다시 정국을 휘몰아치고 있었고, 이른바 '이대성 문건'의 진실공방은 그 정점이었다. 나 역시 북풍사건의 실체를 '이대성 문건'을 통해 확인할 수 있었다. 다만, 하나 걸리는 것이 있다면 내가 비록 김대중 대통령의 당선을 바라는 마음에서 개인적으로 염려되는 일들을 조언한 것이 조직원으로서 떳떳한 일인가에 대해 비난을 한다면 그것은 일면 수용할 수 있겠지만 국민의 한사람으로서, 5.18민주화운동에서 광주가 흘린 피와 이후 민주화를 향한 기나긴 국민적 투쟁 과정에서 희생된 수많은 민주열사들의 고귀한 희생 앞에서 나는 내가 한 일이 결코 잘못된 일이 아님을 확신한다.

그러나 이 일로 나는 옷을 벗는 순간까지 개인적으로는 도저히 감내하기 어려운 시련을 겪어야 했다. 본격적인 선거가 시작되기 전에 문책성 인사 조치에 의해 광주에 내려간 나는 발령을 받은 지 4개월이 넘도록 업무용 책상도 배정받지 못한 채 출근을 하는 엄청난 고통을 감내해야 했다. 더구나 내가 나고 자란 고향에서의 참담한 시련이었다. 그리고 정권이 바뀌고 난 후인 1998년 4월 나는 본부로 복귀했다.

김대중 대통령은 취임 후 처음 안기부를 방문해서 내 이름을 기억하시고 "그 친구 잘 있느냐?"고 물으셨다고 한다. 나는 그 사실마저도 모르고 있었다. 조직 내에서 다 알고 있었던 그 사실조차 나는 뒤늦게 후배들을 통해 들을 수 있었다.

본부에 복귀한 나는 국내 기업의 산업기술을 보호하기 위한 경제방첩 분야의 업무를 담당하게 되었고, 지금 국내의 많은 기업들이 참여하고 있는 산업기술보호협회를 만들기도 했으며 직무와 관련하여 국정원 내에서는 전무한 세 차례의 특진을 할 만큼 정보기관의 공무원으로서 탁월한 역량을 발휘했다. 나는 정권의 비호나 특혜에 빌붙어 그런 영광을 누리지 않고 오직 직무에 대한 열정과 공무원으로서의 사명감으로 이루어낸 내 개인의 성과라는 점에서 자랑스럽게 생각하며, 특히 이 과정에서 오늘날 경제대국인 대한민국 산업기술보호의 산실인 산업기술보호협회를 만들고 관련 법안을 만들기까지 일조할 수 있었다는 점에서 자부심을 느낀다.

이후 2008년 2월 이명박 정부가 출범한 후 나는 특별한 이유도 없이 인천지부로 강제 인사 조치되었고, 지난 1999년 3월에 강제 퇴직된 직원들의 요구에 의해 구성된 진상조사 TF팀에 불려가 강도 높은 감찰조사를 받았다. 조사 내용은 1996년 대통령 선거를 앞두고 일어난 일 때문이었다. 여전히 나에게 조직 내부의 정보를 야당후보인 김대중 전 대통령과 박지원 실장에게 제공하였고, 그 은혜를 입지 않았느냐는 것이었다. 보안누설 혐의를 인정하라는 것이었지만 그런 사실로부터 한 점 부끄럼 없었기에 나는 당당할 수 있었고 일관된 입장을 견지할 수 있었다. 나에게 아무런 혐의사실을 확인할 수 없었던 국정원에서는 나를 인사과정에서 내부 원칙까지 무시하며 다시 한 번 불이익을 주었다. 인사원칙 중에 1년 내에 부서 간 이동을 하지 않는 것은 업무의 효율성을 위해 당연한 것이었음에도 인천지부로 발령을 받은 지 채 1년도 지나지 않아 다시 대구지부로 인사 조치되는 수모를 겪기도 했다. 나는 나에게 가해지는 모멸감을 더 이상 견딜 수 없어 2009년 6월 명예 퇴직서를 제출했다. 명퇴가 아닌 강제해직이나 다름없었다.

퇴직을 하기 전 수없이 고민했다. 조직에서 내몰리고 있는 내 자신이 비참하기도 했지만 무엇보다 내가 옷을 벗는 것은 스스로 내 행동의 당위성을 무너뜨리는 것이라 생각되어 어떤 굴욕에도 참아보자는 생각도 했고, 당장 내 어깨에 기대고 있는 아내와 한참 공부해야 할 두 아들의 미래에 대해서도 생각했다. 풍족하지는 않았지만 내가 열심히 일한 덕분에 우리 가정은 단란했고 행복했는데 그 모든 것을 포기하는 것을 의미하기도 했다.

동료직원들의 만류와 염려도 있었지만 나는 결국 옷을 벗기로

김상욱의 희망만들기

결심하였고, 그 결심의 한가운데에는 아내가 있었다. 쉽게 결정을 내리지 못하고 고민을 하고 있던 어느 날 아내는 아주 담담한 어조로 나에게 가정과 국가는 당신 혼자 지키는 것이 아니라 함께 일구어가는 것이라며 내 결심에 힘을 실어주었다. 나는 지금도 당시 아내의 그 따뜻한 격려를 생각할 때면 가끔 눈시울이 젖어온다. 천상 어쩔 수 없는 팔불출인 모양이다.

헌정사상 첫 평화적 정권교체! 그리고 김대중 정부가 일궈놓은 평화와 민주주의 진전, 그 역사의 한 귀퉁이에 내 작은 보탬이 있었다는 사실에 나에게 감사하다.

지천명을 확인하다.

　나이 50을 바라보는 지금 나는 어디쯤에 와 있을까? 하늘의 뜻을 헤아릴 수 있는 나이라 하여 지천명이라 했는데 하늘의 뜻과 지금 내가 가고 있는 길은 일치하고 있는 것일까?

　어느 책에서 본 희랍신화 중에 나이에 관한 이야기가 있는데 사람과 소와 개와 원숭이가 같은 말을 하며 살았던 시절이 있었다고 한다. 이때 모든 생물들의 나이는 30년이었는데 어느 날 이들이 모여 서로의 수명을 조정하는 이야기를 나누었다. 사람은 오래 살고 싶다고 하였고, 개와 소와 원숭이는 10년만 살다고 죽고 싶다고 하여 그렇게 합의한 후 이를 신에게 부탁하자 신은 소와 개와 원숭이의 20년씩을 사람에게 더 살도록 해주었다는 것이다.

　이 신화를 인용한 저자는 사람에게 덤으로 주어진 60년은 곧 소처럼 일하는 나이, 작게는 가족을 지키고 집을 지키고 세상을 지키는 나이, 그리고 원숭이처럼 세상을 웃게 해줄 수 있는 나이로 20년

씩을 구분 했다.

그럼 나는 이제 소처럼 죽어라 일을 해야 할 30대와 40대를 보내고 맞는 개의 나이에 무엇을 지켜야 하고 세상을 향해 내가 살아온 삶의 경험과 철학을 어떻게 내놓아야 할까 잠시 고민한 적이 있다.

다른 사람들보다는 조금 이른 나이에 국정원에서 사실상 강제해직이나 다름없는 명퇴를 하고 무위도식의 세월도 살아보았다. 소처럼 더 일을 해야 할 나이에 청춘을 다 바친 조직에서 나와 새롭게 일을 시작한다는 것이 녹녹치 않음을 지난 몇 년의 세월을 보내면서 뼈저리게 체험했다.

하늘의 뜻을 헤아리는 것은 어쩌면 지난 몇 년의 세월 겹겹에 묻어있는 고뇌들을 되짚어 그 안에서 답을 찾는 일이라 생각된다.

다름 아닌 꼭 지켜야 할 것과 어떤 일이 있어도 잃어버려서는 안 되는 것과 내 것을 모두 내놓고라도 반드시 하고 싶은 것들이 무엇인지? 역설적이지만 내놓는 것이 꼭 지키고 잃어버리지 말아야 할 것들을 지키는 가장 훌륭한 방법이라는 생각에 이르면서 나는 이제 내가 무엇을 해야 할 것인가를 결정할 수 있었다.

고향은 나고 자란 생물학적 추억만 있는 곳이 아니라 보고 들어서 배우고 뛰어놀고 어울리면서 깨달아 오늘에 이르게 된 인문학적 추억도 함께 묻어나는 곳이다. 고향이라는 단어 속에는 늘 가족이라는 말과 그리움이라는 말을 함께 떠올리게 한다. 내가 잃어버리지 말아야 할 것이 바로 그 고향이라는 말 속에 모두 들어 있는 것 같다.

초발심이다. 잃어버리지 말아야 할 것은 초심이요 모두 내놓아도 좋을 것은 욕망을 채우기 위해 수단 방법 가리지 않는 능력과 경험의 오용이다.

이 나이 먹도록 나름 열심히 일하면서 내 가족을 건사하고 부족하나마 부모님을 봉양할 수 있었다. 아직 내 얼굴만 쳐다보는 아내와 자식이 있다는 점에서 여전히 나는 더 일을 해야 할 나이임에는 틀림없다.

그러나 그 일이 꼭 아내와 자식들의 행복을 뒷바라지 하는 일이 전부는 아닐 터이다. 마땅히 가장으로서 해야 할 의무이지만 어릴 적 고향의 생물학적 추억보다는 인문학적 추억을 더 중요하게 여기는 내가 해야 할 일, 혹은 하고 싶은 일은 나와 인연이 있는 모든 이들과 더불어 늘 맑고 깨끗한 희망을 만들어가는 것이다. 물론 그 안에 사랑하는 아내와 두 자식이 있음은 당연한 것이다.

맑고 깨끗한 희망을 가진 사람들끼리 다시 어울리고 부대끼며 깨우침을 이어갈 것이다.

그것이 정치를 시작하려는 나의 초발심이요, 내가 잃어버려서는 안 될 것과 내가 이 세상에 모두 내놓아야 할 것들이 아닐까? 논어의 위정편에서 공자가 50의 나이에 비로소 하늘의 뜻을 알았다고 말한 것은 배우고 익힌 학문과 경험은 세상을 위해 쓰여야 한다고 말한 것이라 믿기 때문이다.

"2011년 송년의 밤"

"호남향우회장 이·취임식장에서"

청정희망의
섬을
찾아서

제3장

이 세상의 어느 것 하나 귀하지 않은 것이 없듯이
이 세상 가장 귀한 스승은
고단한 삶을 살면서도 마음 곱고 가슴 따뜻한 정을
나눠주는 내 이웃들입니다

오이도의 노을빛으로 술을 빚다.

　우리나라의 산천은 하나같이 그 이름에 사연을 담고 있으며, 또한 저마다 전설을 갖고 있다. 경기도 시흥시의 오이도! 세종실록지리지에 오질이봉수대에 관한 기록과 더불어 다른 문헌에 오질이도라는 기록에 근거할 때 이 섬의 본디 이름은 오질이도, 혹은 오이도였다가 일제시대에 그 지명을 한자어로 표기하면서 섬의 생김새가 까마귀의 귀를 닮았다 하여 그대로 오이도(烏耳島)로 바뀌어 오늘에 이른다고 한다.

　오이도와 옥구도 사이에 작은 똥섬이 있는데 일제시대 일본군들이 원래 오이도와 연결되어 있던 똥섬을 잘라 내버리자 그곳에서 붉은 피가 흘러나와 일본군들이 혼비백산했다는 이야기가 전해 내려오기도 한다. 무슨 이유로 그 섬을 잘라냈는지는 확인할 수 없으나 일본에 나라를 빼앗긴 백성들의 원망과 한탄이 배어있는 것 같아 오이도의 초입에 있는 똥섬은 눈길을 가볍게 거둘 수 없게 한다.

내가 시흥시를 처음 간 것은 앞에서 전술했던 대로 국정원 내부에서 1996년 대통령선거 당시의 일로 모멸과 다름없는 어려움을 겪다가 인천지부로 발령을 받고 난 후였다. 인천지부에서 함께 근무하는 동료가 내 불편한 심사를 달래준답시고 데려간 곳이 인천에서 가까운 시흥시였다. 시흥시의 이곳저곳을 자동차로 돌면서 나는 무심코 이곳은 인천이나 서울과 가까운 곳인데도 아직 시골의 분위기와 정취가 그대로 남아 있다는 생각을 하기도 했다. 서울 금천의 시흥과 혼동을 할 정도로 사실 나는 시흥시에 대해 잘 몰랐다.

오이도! 주말의 오후가 되면 제법 많은 사람들이 이곳을 찾아 서녁하늘의 붉은 노을을 보며 횟집이나 포장마차에서 친구들과 가족, 연인들끼리 술잔을 나누기도 하고 식사를 하기도 한다. 아직 자연녹지와 경작지가 많은 시흥시를 돌아 이곳 오이도까지 이르게 되면 마치 서해안의 어느 시골을 지나 해안가에 이르러 노을을 보는 느낌을 갖게 한다. 인천과 안산시의 경계에 위치해 있고 서울을 비롯한 수도권의 여러 도시에서 불과 한 시간 정도면 도착할 수 있는 곳임에도 이런 한적하고 여유로운 곳이 있었다. 나는 이곳 시흥이야말로 인간의 한없는 욕망이 불러오는 개발의 재앙으로부터 찢겨지지 않기를 간절하게 바란다.

물론 지역에 살고 있는 시흥시민들에게는 안 그래도 낙후되어 살기 팍팍한데 무슨 궤변이냐고 화낼 수도 있을 것이다. 언젠가 비

제3장 청정희망의 섬을 찾아서

숫한 경험을 한 적이 있다. 지인들과 함께 완도에 부속된 작은 섬에 가서 후배의 전복양식장에 배를 타고 나가 바다 위에 떠 있는 양식장 위에서 전복에 술을 마시면서 정말 낭만적이고 행복했던 적이 있다.

"형에게 가끔 이렇게 찾는 즐거움이 낭만이고 행복이지만 나 같이 이곳에 살고 있는 놈들에게는 찌든 바닷바람 섞인 폭염과 맞서며 하루하루 치열하게 살아가는 전쟁터와 다름없는 곳이다"

저녁 술자리에서 이야기를 나누다가 낮에 전복양식장에서 잠시 가졌던 감상을 말하자 후배가 나에게 준 면박이었다. 나는 그 친구의 말에 마땅히 답을 줄 수 없었다.

"그래도 너 같은 놈들이 이렇게 치열하게 살고 있으니 우리가 가끔 찾아와 색다른 즐거움과 여유를 가질 수 있는 것 아니냐"

면구스러움을 덮기 위해 어줍잖게 얼버무렸지만 시흥시민에게도 똑 같은 미안함을 무릅쓰고라도 나는 꼭 이 말을 하고 싶다.

잠시 생각을 바꾸면 '낙후' 라는 말은 더 이상 소외를 의미하는 것이 아니라 발전 가능성이 그만큼 많다는 것을 의미한다. 이미 우리 수도권은 경쟁적 개발과 인간의 욕망이 더 이상 팽창할 수 없을 만큼 비대해졌고 황폐화되어 있다. 그런 수도권 안에 시흥과 같은 적절한 물과 구릉과 바다가 함께 어우러진 자연환경을 갖고 있는 곳은 없다. 시흥의 경쟁력과 미래는 바로 이런 청정에서 찾아야 한다고 생각한다.

이제 시흥시민은 수도권에서 가장 쓸모 있고 질 좋은 재산을 가지게 되었다. 내 뜻대로 원석을 가공하여 내 마음에 드는 보석으로 만들 수 있다. 그런 점에서 시흥시민들은 거만할 만큼 당당하고 자신감 있게 시흥의 청정이라는 재산권을 행사할 수 있어야 한다. 도시발전을 위한 개발을 하지 말자는 것이 아니라 시흥시민이 원하는 것만 골라 와도 된다는 말이다. 다른 도시들이 하고 싶어도 할 수 없는 것! 갖고 싶어도 가질 수 없는 것으로 시흥의 도시경쟁력을 키워가야 한다는 것이다.

생각해보자. 교육과 문화와 자연이 어우러지고 역사와 철학의 인문이 곳곳에서 묻어나는 품격을 갖춘 도시라면 누군들 이곳으로 오고 싶지 않겠는가? 그런 아름답고 품격 있는 시흥을 위해 시간과 노력을 투자해야 한다는 것이다. 혹자는 당장 입에 풀칠하기도 바쁜데 무슨 헛소리냐고 말할 수도 있을 것이다. 그러나 분명한 것은 나를 포함한 시흥시민, 그리고 더 나아가 내 자손들이 오순도순 뿌리내리고 살아갈 삶의 터전, 일이년 살고 떠나버릴 시흥이 아니라 대대손손 뿌리내리고 싶은 시흥, 얼마든지 가능하다고 생각한다.

나는 지금 이 순간에도 내 가족과 함께 틈나는 대로 오이도에 가서 바닷바람을 가슴에 가득 담고 돌아오는 상상을 한다. 그 뿐인가? 오랜 지기가 아니라도 이웃과 함께 오이도에 가서 회 한 접시에 소주

한잔 나누다보면 이미 소주잔은 오이도 노을빛으로 물들어 그 어느 와인빛보다 아름다운 오이도 노을주가 될 곳이고, 그 노을주를 마시며 세상 살아가는 이야기 나누는 시흥이라면 어느 누가 이 도시의 삶을 마다하겠는가?

김상욱의 희망만들기

소래산에서
만난 사람들

부천시와 시흥시의 경계를 이루고 있는 소래산은 해발 300미터 조금 못 미치는 시흥에서는 가장 높은 산이다. 부천시민과 시흥시민들이 건강과 휴식을 위해 가장 많이 찾는 곳이다.

나 역시 시흥으로 이사를 하면서 사람들도 만날 겸 이 산을 가끔 오른다. 야트막한 산이지만 정상에 올라가면 추수한 논밭 사이사이로 아파트가 듬성듬성 서 있는 시흥시가 내려다보인다. 수도권의 여느 도시와는 전혀 다른 분위기다. 산 정상에서 내려다볼 수 있는 부천과 인천의 도시모습과는 사뭇 대조적이다.

시흥에서 만난 많은 사람들 중에 특별하게 기억에 남는 몇 분이 있다. 도로와 관공서 주변에 화초를 심고 가꾸는 일을 하시는 분인데 계절이 바뀔 때마다 새로운 꽃을 심는다고 했다. 그런데 시흥시는 매번 다른 도시에 비해 늦게 꽃을 심게 되어 속상하고 안타깝다고 했다. 기왕이면 자신이 심는 꽃을 사람들이 더 오랜 시간 보고 행복했으면 좋겠는데 계절마다 가장 늦게 심어 다른 도시들에 비해 예쁜 꽃들을 볼 수 있는 시간이 그만큼 짧다는 것이다.

늑장 행정이니 뭐니 해서 시청에 볼멘소리를 하거나 누구를 탓하는 것이 보통 사람들의 마음인데 이 분은 누구를 탓하기보다는 자신이 심은 꽃을 사람들이 오래 볼 수 없다는 것에 속상해하고 있었다.

내 잘못도 세상 탓으로 돌리기 일쑤인 요즘 세상에도 이렇게 아름다운 마음을 갖고 자신에게 주어진 일에 최선을 다하는 분들도 많다. 그래서 아직 이 세상은 살만한 것인지도 모른다. 이런 분이 심고 가꾸는 꽃은 향기가 더하든 아름다움이 더하든 뭐가 달라도 다를 것이다.

나는 이 분의 말씀에서 두 가지를 확인할 수 있었다. 그 하나는 이런 분들의 마음이 행정에 제대로 반영되지 않고 있는 구조적인 문제이며, 또 하나는 누구나 어떤 일에 대해 비판은 할 수 있지만 합리적 대안을 함께 제시하는 것은 쉽지 않다는 점이었다.

비록 용역업체에 소속되어 도시의 미관을 가꾸는 조경분야의 현장 근로자이지만 이 분들의 시흥을 사랑하는 마음과 일에 대한 책임감은 어떤 공무원 못지 않을 것이다. 그런데 이런 분들의 노고와 마음이 행정을 집행하는 책임 있는 사람들에게 전달되지 않고 있다면 당연히 자신들의 마음을 헤아리지 못하는 행정에 대해 서운할 것이고, 그 서운함은 때로는 갈등의 원인으로 발전하게 될 것이다.

다산은 목민심서의 애민편에서 목민관의 중요한 덕목의 하나로 '애휼'을 강조했다. 당시는 전제군주 시대였으므로 글을 잘 모르고 뜻이 어려워 백성들이 임금의 뜻을 제대로 이해하지 못하여 불이익을 당하지 않도록 하는 것이 중요한 일이었겠으나 지금처럼 주권재민의 민주주의 시대에서는 서민들의 뜻을 잘 헤아리고 살피는 것이 곧 다산이 말한 애휼의 기본이라 여겨진다.

특히 행정을 집행함에 있어 공익과 공공성을 확보하기 위해서는 정책의 이해당사자들만을 조정하는 것에 그치지 않고 그 정책이 미칠 서민들의 삶을 먼저 살피는 것이 중요하다고 생각한다. 물론 공공부문에서 저마다의 맡은 바 직무를 수행하고 있는 사람들의 의견을 수렴하는 과정에서 주로 현장에서 서민들과 직접 부딪히는 분야에서 일을 하고 있는 사람들의 의견을 더 많이 배려하려는 끊임없는 노력과 성실함을 보태면 더할 나위가 없을 것이다.

또 한 분은 누구나 연말이 되면 이상하게 여겼을 일을 지적해주기도 했다. 이 분은 자신은 정치를 잘 몰라 이런 말을 해도 되는 것인지 모르겠다고 몇 번이고 주저하다가 어렵게 말을 꺼냈지만 우리 일상에서 가장 흔하게 접하면서도 좀처럼 고쳐지지 않고 있는 관행을 지적한 것이었다. 지방자치단체들마다 연말이 가까워오면 남은 예산을 쓰기 위해 시민들이 보기에는 불필요한 공사들을 자주 한다는 것이다. 굳이 교체하지 않아도 될 보도블럭을 교체하는 것을 예로 들었다. 이런 관행은 많은 사람들이 공감하는 연례행사 같은 것임에도 고쳐지지 않고 있다는 것이다. 그런 예산을 주민 복지와 관련된 예산으로 사용하도록 제도나 법을 고쳐야 한다는 그 분의 말씀에 나 역시 쉽게 공감할 수 있었다.

복지부분에 대한 말만 나오면 예산 타령을 늘어놓는 것은 국가나 지방자치단체나 다를 것이 없다. 그럼에도 추운겨울을 어떻게 견뎌낼지 노심초사하는 서민들의 곤궁을 돌아보기보다는 우선 예산을 소진시키기 편한 방법만을 찾다보니 멀쩡한 도로를 파헤치고 보도블럭을 교체하는 것에 국민의 혈세를 낭비하는 것은 아닌지 되돌아볼 일이다.

소래산 자락에서 만난 여러 사람들의 다양한 이야기를 들으면서 나는 정치의 스승은 멀리 있는 것이 아니라 바로 내 곁에 있는 이 분들이며, 정책의 기본 또한 고명한 사람의 지혜를 쫓거나 계파의 보스에 줄을 설 것이 아니라 내 이웃이 살면서 느끼고 원하는 것에 있음을 다시 한 번 확인할 수 있었다.

국회의원이든 시장이든 한번 뽑아주면 그 다음부터는 얼굴한 번 보기 힘들다는 말 속에 정치와 정치인에 대한 불신이 깔려있다는 것을 알아야 한다. 정치도 행정도 모두 국민의 삶을 풍요롭게 안정되게 하려는 것이 궁극의 목표이며 그래서 국민들은 세금을 내고

김상욱의 희망만들기

법과 제도에 따르는 것임을 알아야 한다.

하여 정치입문을 앞둔 나는 스스로에게 다짐한다. 내 입은 나보다 윗사람을 향해 있겠지만 발걸음과 귀는 내 곁의 이웃과 다산이 말한 사궁을 비롯한 사회적 약자를 향해 있을 것임을.

강희맹 선생을 만나다
관곡지에서

"한 시대가 부흥하는 것은 반드시 그 시대에 인물이 있기 때문이요, 한 시대가 쇠퇴하는 것은 세상을 구제할 만큼 유능한 보좌가 없기 때문입니다……세상에 완전한 사람은 없습니다. 따라서 적합한 자리에 기용해 인재로 키워야 합니다. 전능한 사람도 없습니다. 따라서 적당한 일을 맡겨 능력을 기르는 것이 중요합니다. 그 사람의 결점만 지적하고, 허물만 적발한다면, 아무리 유능한 사람이라도 벗어날 수가 없게 됩니다. 단점을 버리고, 장점을 취하는 것이 인재를 구하는 가장 기본적인 원칙인데, 이렇게 하면 탐욕스런 사람이든, 청렴한 사람이든 모두 부릴 수가 있습니다." (강희맹 사숙재집 권 6)

조선조 세종 29년에 시행된 과거시험에서 인재를 구해 쓰는 법이 시제로 출제되었고, 장원으로 급제한 강희맹 선생이 쓴 답안 내용의 일부이다.

조선시대 좌찬성(종1품)을 지낸 강희맹 선생은 세조의 등극을 도운 공로로 원종공신을, 남이의 옥사사건을 해결한 공로로 익대공신을, 성종 즉위에 대한 공로로 좌리공신을 받았던 인물로 세조 9년 명나라에 사신으로 다녀오는 길에 연꽃씨를 채취해 와 지금의 경기도 시흥시 연성동 관곡지에 처음 재배했다고 한다.

강희맹 선생은 조선조 세종, 문종, 세조, 예종, 성종 시대에 관직을 두루 거친 관료로서 특히 문장에 뛰어나 많은 저술을 남겼고, 실록 편찬 등에 많은 공을 세운 것으로 알려져 있다. 또한 조선 초기 유명한 화가인 강희안의 동생이기도 한 선생은 소나무와 대나무 등의 그림에도 일가견이 있어 그 분의 작품이 일본 동경의 국립박물관에 전시되어 있기도 하다. 지금 시흥문화원이 그 그림을 되찾아 오기 위한 활동을 벌이고 있다.

조선시대의 사대부란 관직에 나가지 않고 학문에만 전념하던 선비를 '사' 라 하였고 관직에 나가면 '대부' 라 하여 이를 합한 말이다. 사대부가 추구하던 문학을 관인문학이라 하였는데 강희맹 선생은 관인문학의 뛰어난 문장가로 알려져 있기도 하지만 농촌의 민요와 설화 등을 채록하여 기록으로 정리하기도 하였으며, 어떤 이들은 선생이 실학에 많은 관심을 두었다고 전하기도 한다. 이런 예들로 보아 선생은 여느 사대부들과는 다르게 당대의 민초들의 삶에 대한 애착을 갖고 있었던 것으로 보인다.

지금도 경기도 시흥시에 가면 연꽃을 주제로 한 공원이 조성되어 있으며, 매년 연성문화제가 열리고 있다. 안타깝게도 연꽃을 테마로 한 공원은 매년 그 면적이 줄어들고 있으며, 연관 사업 역시 별다른 진전이 없다고 한다. 뿐만 아니라 시흥문화원이 개최하는 연성문화제 또한 그 명칭은 강희맹 선생과 연꽃의 도래지라는 점에서 출발했지만 어쩐 일인지 연꽃이 피는 시기와도 맞지 않고 지역문화제로써의 차별성도 드러나 보이지 않는다. 세조의 총애를 받은 강희맹 선생의 업적을 높이 평가해 조선시대 세조가 이름을 붙였다는 '연성'의 유래와 10월 5일 시민의 날을 무리하게 연계한 탓이라 생각된다. 올해로 20회를 맞는 오랜 역사를 가진 지역 문화제가 지역민들에게 조차 외면 받고 있는 데는 그만한 이유가 있을 것이다. 우선은 시흥시가 지원하는 예산이 부족하여 시민의 참여를 이끌어낼 수 있는 홍보와 프로그램의 기획에 한계가 있다는 점이 가장 큰 이유라고 한다.

지역의 축제와 문화제는 차별성을 갖지 않으면 성공하기 어렵다. 전국의 모든 지방자치단체가 각종 축제와 이벤트를 앞 다투어 개최하고 있지만 대체적으로 그 내용은 대동소이하다. 축제와 문화제는 지역민의 화합을 도모하는 것도 목적이겠지만 요즘은 관광과 연계하여 지역을 홍보하기 위한 목적도 크게 작용한다. 그런 점에서 전북 무주의 반딧불이 축제나 전남 함평의 나비축제 등이 성공할 수 있었던 것을 타산지석으로 삼을 필요가 있을 것이다. 많은 연구자들이 이 두 축제의 성공요인으로 차별성과 브랜드 마케팅 전략, 그리고 지방자치단체장의 리더쉽이라고 입을 모은다. 지역축제의 범람이라고까지 지적되고 있는 상황에서 지역의 문화제와 축제가 그 성격과 지향하는 목적이 다를지언정 참여와 성원을 통한 지역민의 화합, 차별화된 문화콘텐츠를 통한 지역의 홍보와 관광 수입 등의 다목적을 실현하기 위해서는 우선 행정력의 집중성과 지속성, 그리고 무엇보다 지방단체장의 의지가 반드시 필요하다고 생각한다.

예를 들자면 강희맹 선생의 애민정신이나 저서에서 서사적 문화콘텐츠를 개발한다거나 연꽃과 관련하여 전남 무안과는 확연하게 차별화될 수 있는 스토리텔링을 개발하는 방법에서부터 고민하는 것도 좋지 않을까 싶다. 시흥시의 경우 인근 도시들이 가질 수 없는 풍부한 자연녹지를 갖고 있다는 점도 고려할 수 있을 것이다.

우리나라에서 연꽃이 처음 재배되었다는 관곡지에서 강희맹 선생이 자식들에게 훈자오설로 강조하였다는 두 가지의 근(勤, 謹), 부지런함과 삼가함을 떠올리며 이 가르침이야말로 예나 지금이나 일을 도모함에 있어 반드시 지녀야 덕목임을 새삼 다시 확인하게 되었다. 지역의 축제나 이벤트 하나를 준비하더라도 지역민들에게 어떤 보탬이 될 것인가에 대한 끊임없는 연구와 지역민들의 뜻을 헤아리기 위한 낮은 자세가 필요할 것이다. 남이 장에 간다고 거름 지고 따라 나서는 행정과 정치! 내가 경계하고 또 경계해야 할 것임을 확인한다.

군자매립지에서 본 무지개
도시 디자인

　도시를 디자인 한다? 보통 디자인 하면 예술이나 상품을 홍보하기 위한 포장 정도로 생각하지만 이미 디자인의 개념은 도시는 물론 국가의 이미지를 구축하는 영역으로 확대된 지 오래다.

　도시 디자인 하면 가장 먼저 프랑스 파리를 떠올린다. 그만한 이유가 있다. 1676년 프랑스 루이 14세는 밤새도록 도시를 환하게 밝히기 위해 최초로 가로등을 설치하고 시민들이 자유롭게 활보할 수 있도록 오래된 성벽을 허무는 등의 '도시 미화계획' 을 발표했다고 한다. 지금도 파리는 16세기를 전후해 지어진 건물의 대부분을 보전하고 있으며, 이를 위해 건물 전체를 헐어 새로 짓거나 도로를 바꾸는 등의 토목공사는 좀처럼 하지 않고 있으며, 특히 샹젤리제와 같은 역사적인 거리에서는 고풍스러운 도시 분위기를 저해한다는 이유로 건물의 외벽이나 간판 등에 빨간색을 사용하지 못하도록 규제한다고 한다. 그래서 맥도널드도 여기서는 흰색으로 간판을 내걸

정도이다. 세계에서 가장 많은 역사와 문화유적을 가지고 있는 그리이스 아테네나 이탈리아 로마, 혹은 중국의 북경과 연경 등과 비교할 때 파리가 왜 그토록 세계인들에게 관광하고 싶은 도시의 첫 번째로 꼽히는지 그 이유를 짐작하게 하는 대목이다.

우리나라의 도시는 천편일률적이다. 좀 더 많은 수익을 올리기 위해 아파트는 최대한 높게 올리고 좀 오래된 건물은 공사비의 절감과 공간의 확장을 위해 먼저 헐어내고 시작하는 우리나라의 도시 개발은 그래서 도시의 역사와 도시구성원의 삶의 모습을 전혀 반영하지 못하고 있다. 특히 수도권을 중심으로 추진되고 있는 신도시 조성에서도 이런 현상은 그대로 나타난다. 그나마 새로 조성되는 세종시는 도시 디자인에 대해 많은 신경을 썼다고 하니 앞으로 드러날 도시의 모습이 사뭇 기대된다.

수도권 도시 중에 아직도 전체 면적의 70%가 자연녹지이고 20%가 넘는 면적이 절대농지인 경기도 시흥시에도 개발이 본격화되고 있다. 나 역시 시흥을 처음 찾았을 때는 그곳에 살고 있는 사람들의 말처럼 마치 수도권의 고립된 섬이라 여겨질 정도로 '낙후' 되었다는 인상과 수도권 도시 중에 아직도 이런 곳이 있구나 싶은 생각을 하기도 했었다.

인접한 다른 도시들에 비해 낙후된 것만은 분명한 사실이다. 자연녹지가 많다보니 지역민들의 재산권 행사에도 제약이 많을 수밖에 없다. 지금껏 수도권 곳곳에 신도시들이 들어서는 동안에도 이곳은 개발이 제대로 이루어지지 않았다. 시흥사람들은 그 이유를 시장과 국회의원으로 대표되는 지역 정치인들의 무능을 탓하기도 하고 시흥을 정주(定住)가 아닌 언젠가는 떠날 곳으로 생각하는 시민의식을 지적하기도 한다. 도시에 오랫동안 살았던 사람들의 문제의식이니 그만한 근거가 있을 것이다. 주변 도시들이 이런저런 개발로 땅값과 집값이 오르는 것을 지켜보면서 속병을 앓았을 시민들 입장에서는 당연한 불만이다. 지역의 낙후는 곧 정치적 소외를 의미할 수도 있다는 점에서 과거처럼 독재체제가 아닌 바에야 지역 정치인들의 무능을 탓하는 것도 충분히 이해가 된다.

그러나 내가 시흥에 살기로 마음먹고 도시의 이곳저곳을 둘러보고 여러 개발계획을 알고 난 후 생각이 달라졌다. 물론 뜻하는 바가 있어 시흥에 살기로 마음먹은 것이 사실이지만 수도권의 여러 도시들과 똑 같은 방법으로 개발이 이루어진다면 도시 경쟁력은 계속 뒤처질 수밖에 없다.

그래서 발상의 전환이 필요하다고 생각한다. 생각을 바꾸면 의외로 답은 쉬운 곳에 있을 수도 있다. 시흥의 낙후는 곧 가장 훌륭한 성장 잠재력이며, 미래경쟁력의 소중한 자산이 될 수 있다. 살기 좋은 도시의 패러다임이 바뀌고 있는 시대라는 점을 감안하면 시흥의 발전 가능성은 무분별한 개발에 있는 것이 아니라 오히려 남아있는 자연 환경과 조화를 이룰 수 있는 방안이 무엇인지 고민해야 한다. 이미 수도권의 대부분 도시들이 일자리와 주거에만 치중한 나머지 도시 구성원들의 삶의 질을 높일 수 있는 기반시설을 확충하는데 많은 어려움을 겪고 있다. 무분별한 개발의 후유증인 셈이다. 그런 점에서 시흥은 비록 이제까지 낙후되었다고 하지만 그것이 오히려 도시발전의 무한한 가능성으로 작용하게 될 것이라 생각한다.

지금 시흥의 곳곳에 들어서고 있는 보금자리 주택들이 시흥의 미래를 담보할 수 있다고 보는 시각은 많지 않다. 버블경제의 혹독한 대가를 치른 일본의 장기간 경기 침체와 미국과 유럽의 금융위기에서 이미 부동산 개발에 의한 경제성장은 그 한계가 확인되었다. 우리도 예외일 수 없다. 이미 우리나라의 부동산 경기도 바닥권이라고 한다. 한국주택공사의 미분양 토지는 2011년 국정감사에서 확인된 것만도 여의도의 6배에 이르고 재고자산은 판매가액 기준으로 30조원에 육박한다고 한다. 이 중에 이명박 정부에서 대선공약사업으로 추진한 보금자리주택공급 물량도 상당한 비중을 차지한다. 더구나 미분양이 수도권에 집중되어 있다는 것도 주목할 점이다.

시흥은 지금 군자매립지의 신도시 조성에 총력을 기울이고 있는 것으로 보인다. 서울대 국제캠퍼스를 유치하는 한편, 첨단의료시설을 유치하여 글로벌 교육, 의료 산학 클러스터의 자족복합도시를

김상욱의 **희망만들기**

조성하겠다는 계획이다. 최근 군자신도시 민간 시범사업 공모에 SK건설 컨소시엄이 사업계획서를 제출함으로써 부동산 경기의 침체에도 불구하고 신도시 개발에 필요한 첫출발이 순조롭다는 평가를 받고 있다. 그리고 서울대학교와 서울대국제캠퍼스, 국제고, 영재교육원 등의 글로벌 교육 시설과 의료 시설 및 의료연구소 등의 산학클러스터 조성에 관한 연구용역을 추진 중에 있어 그 결과가 주목된다.

그러나 민간 시범사업의 순조로운 출발에도 불구하고 신도시 조성사업의 성공여부는 다른 개발사업 예정지와 달리 저렴하고 안정된 토지매입비(감정 평가액)가 장점이기는 하지만 현재 추진 중인 첨단의료 산학 클러스터 구축과 글로벌 교육 기관의 유치가 관건이 될 것으로 보인다. 이런 상황은 인천의 청라지구 개발 과정에서 나타난 문제점과 현황이 증명하고 있기 때문이다. 아울러 지역의 시민단체를 비롯해 군자신도시 조성 사업에 대한 우려를 갖고 있는 사람들은 개발의 혜택이 시흥시민에게 실질적으로 돌아올 것인지에 대한 의심의 눈초리를 거두지 않고 있다. 국제캠퍼스 유치를 위해 과도한 개발특혜를 서울대에 제공하는 것이라는 비판과 함께 국제캠퍼스가 갖는 특성상 일자리 창출과 지역 경기 활성화에 얼마나 기여할 수 있겠느냐는 회의적 시각도 만만치 않다. 결국 시흥시가 제시하는 글로벌 교육, 의료 산학클러스터 등으로 교육, 의료, 일자리가 보장되는 자족복합도시로서의 신도시 조성 사업을 성공하기 위해서는 산학 클러스터가 반드시 조성되어야 한다고 볼 수 있다.

한편, 나는 군자신도시의 개발 혜택이 시흥시민에게 돌아갈 수 있게 하기 위해서는 군자신도시 주변의 상권을 함께 고려해야 한다는 점을 꼭 지적하고 싶다. 월곶이나 오이도 등의 상권은 물론 시흥시 전체의 상권이 신도시 때문에 영향을 받을 것은 너무나 자명하다. 지역의 주요 상권들과 어떻게 효율적으로 연계할 것인가에 대한 고민이 반드시 필요하다는 점이다.

군자신도시 조성 과정에서 유입되는 인구가 현재 조성되어 있는 상권의 활성화에도 기여할 수 있어야 신도시 개발의 혜택이 시민들에게 실질적으로 돌아가는 것이 되기 때문이다.

예를 들어 신천동의 삼미시장을 전통재래시장으로 활성화할 수 있는 방안, 월곶과 오이도의 휴식 및 관광을 특화하는 방안 등이 함께 고려되어야 할 것이다.

자칫 신도시 때문에 다른 상권이나 도심이 구도심으로 전락하도록 방치할 경우 도시는 경쟁력을 키우기 보다는 갈등과 또 다른 엄청난 사회적 비용을 발생시키는 결과를 가져올 수도 있다는 점에 유의해야 한다.

뿐만 아니라 시흥시의 경우 외곽의 교통은 사통발달로 그 여건

김상욱의 희망만들기

이 좋은 반면 시내 도로의 상황은 열악한 수준이다. 신도시가 조성
될 경우 예상되는 교통상황도 고려되어야 한다.

군자신도시는 그런 점에서 아직은 무지개다.

달라지고 있는 도시 패러다임
도시경쟁력을 생각하며

세계경제는 노동집약적 산업사회에서 지식과 정보, 문화를 기반으로 하는 무형의 가치를 추구하는 정보화시대로 변화한 지 오래되었다. 교통수단과 정보통신의 발달로 더 이상 사람들은 일자리만을 보고 삶의 터전을 결정하는 것이 아니라 교육과 문화와 환경 등의 살고 싶은 조건을 보고 삶의 터전을 결정한다. 창의적인 일자리와 교육의 질이 높은 주거환경과 문화적 기반을 갖춘 휴식 등이 매력적인 도시의 요건으로 각광받고 있다는 것이다.

살기 좋은 도시, 살고 싶은 도시의 패러다임이 바뀌고 있다는 의미다.

나아가 이미 도시의 경쟁력이 국가의 경쟁력을 결정하는 핵심요인이 되고 있다. 대한민국의 수도 서울이 도시의 경제규모나 인구에 비해 도시경쟁력 면에서는 저평가되고 있는 원인으로 서울시민의 삶의 질에 대한 지표와 그 만족도가 상대적으로 낮은 데에 있다

김상욱의 희망만들기

는 것이 전문가들의 분석이며, 세계 주요 조사기관의 결과 역시 그렇게 나타나고 있다.

도시 경쟁력과 관련하여 올해 한 광역시에서는 조례를 제정해 그 성과를 기대케 한다. '도시경쟁력 제고 조례'에서 자치단체의 책무로 도시경쟁력 제고를 위한 전략과 정책의 수립과 추진, 정책 추진에 필요한 예산과 자원의 확보, 마지막으로 사회적 공감대 형성과 시민참여 증진으로 규정하고 도시경쟁력위원회를 설치하여 운영하는 것을 주요 골자로 하고 있다. 특히 주목하고 싶은 것은 사회적 공감대 형성과 시민의 참여 증진을 조례에 명시했다는 점이다. 그 자치단체의 특수성에 맞는 사업의 내용을 명시하는 한편, 필요하면 위원회는 관계공무원이나 단체 관계자들을 회의에 출석시켜 정보와 의견을 청취할 수 있도록 했다.

또 하나의 사례를 들자면 광교신도시의 차별화 전략이다. 수도권 신도시 조성사업의 대부분은 아파트 일색의 건물과 단조로운 주동 배치 등으로 신도시의 특색을 찾아볼 수 없다. 반면 광교신도시의 경우 베드타운의 기능을 넘어서야 한다는 뚜렷한 목표의식을 가지고 미래 비전을 위한 특화전략을 설정하였고, 그 전략의 핵심은 콤팩트 시티와 에콘힐 등이며, 가장 눈에 띄는 것은 산.학.연의 집적화로 자족가능도시를 목표로 했다는 점이다. 자연환경을 고려한 것으로 보이는 콤팩트 시티 전략은 주거와 상가를 100미터 이내에

밀집하고 나머지 공간은 녹지와 공원 등의 열린 공간으로 조성하여 개방함으로써 자연친화적으로 설계되었다. 일자리와 주거와 휴식을 모두 충족시키기 위한 시도이며, 그동안 수도권의 대두분의 신도시사업과는 확연한 차별화를 도시계획 단계에서부터 적용하고 이를 새로 들어설 건물의 설계에도 반영했다고 한다. 2018년 그 모습을 모두 드러낼 광교신도시의 성공 여부는 향후 신도시 조성 사업에 상당한 영향을 미칠 것으로 예측된다.

도시 경쟁력이라는 개념이 학계와 언론 등에서는 많이 사용되고 있지만 아직 시민들이 피부로 느낄 만큼 일반화되었다고는 보기 어렵다. 그럼에도 어떤 도시는 조례를 제정하여 자치단체의 역량을 집중하는가 하면 어떤 신도시는 지속가능한 발전을 통해 경쟁력을 확보하기 위해 철저한 준비와 차별화된 전략으로 명품도시를 추구하고 있다.

앞서 강조했지만 이미 세계의 모든 분야별 경쟁의 핵심단위는 국가가 아니라 도시다. 우리는 일상에서 메이드 인 프랑스보다 메이드 인 파리를 선호한다. 뉴욕은 밤마다 벌어지는 패션쇼와 각종 음악회에 세계 사람들이 몰려든다. 국가경쟁력의 핵심이 도시임을 입증하는 사례는 그 외에도 수없이 많다.

그렇다면 지속적 발전이 가능한 경쟁력 있는 도시의 조건은 어떤 것이며, 특히 개발의 초기단계에 있는 도시들이 지향해야 할 내

김상욱의 희망만들기

용은 어떤 것일까? 나는 첫째가 사람에 대한 투자라고 생각한다. 산업사회에서 지식정보사회로 변화하고 있는 세계의 경제와 질서에서 가장 중요한 것은 창조적 능력을 가진 사람들이 모여들게 하는 것이다. 그러나 투자가 없이는 창조적 능력을 가진 사람들을 모여들게 할 수는 없다. 문화, 예술 분야의 전문가들이나 꿈을 가진 젊은 사람들이 제 발로 찾아올 수 있는 여건을 마련하고 이들이 마음껏 재능과 끼를 발산할 수 있는 장을 마련해주는 투자를 과감하게 해야 한다고 생각한다. 그리고 그들이 생산하는 창조 행위의 일정한 성과를 반드시 공공의 영역에 투자하도록 유도한다면 지금 당장은 아니라도 일정한 시간이 경과하면 도시의 모습은 달라질 것이다.

두 번째로는 도시 자체가 창의성을 가져야 한다고 생각한다. 창의성이라는 말은 차별화, 독자성과 연관될 수밖에 없다. 도시로 말하자면 그 도시의 지역특성과 고유성, 혹은 역사성에 기반을 둔 창의성이 곧 그 도시의 차별화를 극대화시킬 수 있는 가장 효율적인 접근이라는 것이다. 지역의 고유문화와 역사가 재창조되는 창의성일 때 차별성과 생산성을 지닌 미래경쟁력을 갖출 수 있다.

세 번째로는 오픈마인드와 과감성을 가진 리더쉽이라고 생각한다. 리더가 열려있지 않고 창의성을 지니지 못하면 아무리 좋은 정책이라도 서랍 속에 들어가 있거나 책장, 혹은 집무실 벽에 걸린 액자 속에서 먼지를 뒤집어쓰고 있을 수밖에 없다. 법과 제도 뒤에 숨어 핑계를 찾는 것은 쉽지만 법과 제도를 뛰어넘기 위한 과감한 추진력을 지니기는 쉽지 않다. 그렇다고 불법과 탈법을 행하라는 것이 아니라 새로운 법과 제도를 개척하라는 것이다.

네 번째는 도시구성원들의 참여와 합의가 중요하다고 생각한다. 재개발이나 뉴타운 조성 사업이 추진되고 있는 곳은 어디를 막론하고 갈등이 존재할 수밖에 없다. 생존권이 걸린 문제이고 재산권이 걸린 문제이니 갈등은 당연한 일이다. 갈등은 소모적인 대립이 아니라 생산적인 모색의 과정이라고 생각해야 한다. 갈등의 당사자들이 서로의 이해를 충족시킬 수 있는 방법을 찾기 위해 머리를 맞대면 얼마든지 해결 가능하다. 극한적 대립으로 치달아 힘으로 어떤 결과를 이끌어낸다면 다른 한 쪽의 이해관계자들은 그 결과에 승복하지 않을 것이고, 그렇게 되면 결국 반쪽짜리 성과 때문에 대립이 지속되어 성장의 걸림돌로 작용할 것이다. 가령 상가를 개발한다고 했을 때, 생존권과 재산권이 대립해서 어느 한 쪽이 성과를 독점했다면 권리를 빼앗긴 다른 한 쪽은 그 상가를 쳐다보지도 않을 것이며, 오히려 상가발전의 가장 큰 장애요소로 작용될 것은 인지상정이다.

도시의 경쟁력 제고도 마찬가지다. 사회적 합의는 더 큰 추진력과 더 아름다운 성과를 이루내기 위한 필수불가결한 과정이라 생각해야 한다. 사회적 합의는 곧 시민들의 참여를 통해서만 가능하다

김상욱의 희망만들기

는 것을 강조하고 싶다.

다섯 번째는 성과에 급급하지 않고 중장기적인 계획을 마련해야 한다고 생각한다. 하나의 신도시를 조성하는데 소요되는 시간은 아무리 짧아도 5년은 걸린다. 5년 후면 세계의 경제는 물론, 도시의 트렌드가 어떻게 바뀔지 모른다. 기존에 조성되어 있는 신도시를 그대로 흉내 내는 것은 이미 5년 이상 뒤지고 시작하는 것이다. 따라서 적어도 수십 년 앞을 내다보고 계획해야 한다.

창의적인 변화를 두려워하면 개혁은 이룰 수 없다. 한 도시의 개혁은 도시에 살고 있는 시민의 삶의 개혁이기도 하다. 내가 살고 있는 도시가 사회적으로 일정한 수준에 이른 사람들에게 매력적이게 보인다는 것은 그 도시민의 가장 큰 자긍심이 될 것이며, 그 자긍심이야말로 도시 미래경쟁력의 동력이다.

내가 살고 있는 도시,
문화를 입고 철학을 논하다.

오래된 도시는 저마다의 특성을 갖고 있다. 역사와 문화에서, 도시민들의 삶의 모습에서, 심지어 도로와 건물의 외양에서도 그 도시만의 향기가 묻어난다.

나는 공직에 있는 동안 외국의 여러 나라들을 돌아볼 기회가 있었다. 내가 찾았던 도시 중에 특별히 기억에 남는 도시가 바로 영국 런던의 근교도시인 옥스퍼드였다. 영국에서 가장 오래된 대학도시인 옥스퍼드는 도시 자체가 학구적이라는 느낌을 물씬 풍긴다. 아담하게 느껴지는 도시의 곳곳에는 전통과 역사의 체취가 묻어나고 대학도시답게 자동차보다는 자전거를 많이 이용하는 학생들의 활기참도 함께 어우러져 런던과는 또 다른 매력을 느끼게 했다. 내가 이곳에서 가장 부럽게 생각되었던 것은 두 가지였다. 물론 이 도시에서 내가 느끼고 배운 것은 훨씬 많았지만. 하나는 옥스퍼드 대학의 부속기관인 보들리언 도서관이었다. 영국에서 가장 오래된 도서

김상욱의 희망만들기

관이라고 한다. 영국에서 발행되는 책의 초판은 모두 이곳에 보관
된다고 한다. 이런 역사와 전통을 갖추고 있는 도서관을 가진 것만
으로도 이 도시는 충분히 많은 사람들에게 매력을 느끼게 할 것 같
았다. 또 하나는 건물을 비롯한 도시 전체의 모습이었다. 옥스퍼드
대학과 성당과 대학을 겸한 크라이스트 처치 컬리지 등의 건물은
하나같이 오래된 궁전 같은 모습이었다. 우리나라처럼 조금만 시간
이 지나면 건물 외벽에 색을 덧칠하는 것과는 대조적으로 고풍스러
운 건물에서 이 도시가 전통과 역사를 얼마나 소중하게 여기고 자
긍심을 느끼고 있는지를 확인할 수 있었다.

또 하나의 도시는 프랑스 파리였다. 파리에 관한 이야기는 앞에
서도 언급했지만 나는 이곳에서 도시가 지향해야 할 창의성이 얼마
나 중요한 것인지를 배울 수 있는 기회를 가졌다. 파리 플라주(Paris
Plages)라고 하는 프로젝트였다. 파리는 일 년 중 여름철 한 달 동
안 센 강변도로가 인공 해변으로 변신을 한다. 평소에는 강변도로
였다가 이 시기가 되면 암벽등반 게임장, 인공 풀 수영장, 강변 카
페, 그늘진 야자나무 등을 설치하여 마치 남국의 해변휴양지에 온
것처럼 바뀌는 것이다. 아울러 각종 전시회나 음악회 등도 함께 개
최되어 휴양과 예술이 조화를 이룬다.

나는 이런 파리의 모습을 보면서 도시의 창의성이야말로 그 도
시민들의 삶과 도시 자체의 활력에 얼마나 큰 영향을 미치는 것인

지를 확인할 수 있었다. 물론 처음에는 이러한 과감한 변화를 시도하는 데는 적잖은 난관이 있었을 것이다. 우선 교통이 불편해질 것은 당연한 일이다. 처음부터 플라주가 시민들과 외국 관광객들의 참여를 끌어 모으지는 못했을 것이다. 그러나 파리 시민들이 일시적 교통 불편을 감수하는 한편, 행정은 과감한 추진력을 갖고 이 프로젝트를 완성시킬 수 있었을 것이고, 이제 8월 파리는 플라주를 찾는 관광객들로 넘쳐난다고 한다.

물론 우리나라에도 역사와 전통을 가진 마을들이 많이 있다. 최근에는 도시에 품격을 입히려는 다양한 시도들도 이루어지고 있다. 그러나 수도권 대부분의 도시들은 개발 과정에서 많은 것을 잃어버렸다. 되찾기에는 너무 많은 비용을 지불해야 한다.

그렇다고 불가능한 것은 아니라고 본다. 이미 역사와 전통의 흔적들이 사라졌다면 다양한 방법으로 되살리면 되는 것이다. 신도시에 공원을 하나 조성하더라도 창의적 아이디어와 그 공원을 창조적으로 이용하려는 의지가 있다면 얼마든지 공원 하나에 많은 스토리텔링을 입힐 수 있을 것이다. 뿐만 아니라 파리의 플라주처럼 고정관념을 과감하게 넘어서는 창의적 시도가 우리가 살고 있는 도시에서도 얼마든지 가능하다.

앞으로 도시의 경쟁력은 문화가 될 것이다. 도시구성원들의 삶 자체가 문화라는 점에서 역사와 전통, 현재와 미래가 공존하는 문

김상욱의 희망만들기

화를 통해 도시의 품격을 높일 수 있다면 비록 시간이 좀 걸리더라도 과감한 투자를 해야 한다. 내가 살고 있는 도시의 문화는 곧 내 삶의 질과도 연관되어 있다. 문화의 수준에 따라 내 삶의 질도 향상될 것이며, 도시의 품격 또한 자연스럽게 갖춰질 것이다.

문제는 도시에 문화를 입히는 것은 상당한 시간과 투자가 필요하다는 점이다. 문화와 예술은 하루아침에 만들어지는 것이 아니라 도시에 살고 있는 구성원들의 자발적인 참여와 노력에 의해서만 가능한 일이기도 하다. 아무리 행정이 과감한 투자를 한다고 해도 도시구성원들의 참여 없이는 성과를 기대하기 어렵다. 내가 살고 있는 동네에 이런저런 문화시설이 들어선다고 해도 그곳을 찾는 발길이 없으면 아무런 소용이 없다. 그렇다고 문화와 예술이 어려운 것도 아니다. 내 아이들이 학교에서 학예회를 하고 학교 교정에서 미술전시회나 시화전을 할 때 학부모뿐만 아니라 일반인들도 함께 자연스럽게 참여하면 그것이 곧 문화와 예술의 행위에 참여하는 것이고 도시가 문화와 예술로 먹고 살 수 있는 기반을 갖춰나가는 일이다. 가령, 한 고등학교가 매년 자체적으로 시화전을 비롯한 예술제를 개최할 때 일반 시민과 함께 만드는 프로그램을 기획하면 가능해지는 일이다.

얼마 전 경기도 시흥시에서 의미 있는 일에 관한 이야기를 들었다. 최근 시흥시는 정부의 보금자리 주택 건설 정책에 의해 많은 토

제3장 청정희망의 섬을 찾아서

지가 수용되어 아파트 단지로 개발되고 있다. 이 과정에서 동네 여기저기에 흩어져 있던 동네만의 이야깃거리를 간직하고 있는 것들이 사라지게 되었다. 안타깝게 여긴 지역의 교사 몇 사람이 개발예정지 안에 이야깃거리가 담겨 있는 돌멩이 하나, 나무 하나, 도로 하나 등을 일일이 찾아다니며 사진으로 남겨 작은 책자로 만들었다고 한다. 처음부터 지키지 못한 것이 못내 아쉽지만 이렇게라도 남겨 놓으면 그것은 곧 시흥의 역사가 되고 문화가 되어 재창조의 기초 자료가 될 것이다.

문화와 예술 자체가 철학을 담고 있는 것이라는 점에서 도시가 문화와 예술을 입게 되면 자연스럽게 철학 등의 인문학이 자리를 잡게 된다고 한다. 내가 살고 있는 도시가 문화를 입고 철학과 인문학을 논할 수 있는 곳이라면 어딘가 모르게 내 삶도 풍요롭게 느껴지지 않을까.

김상욱의 희망만들기

"갯벌생태공원의 염전체험"

"오이도의 등대"

희망을 좇아 살다 보면

제4장

좀처럼 희망을 말하기 어려운 세상입니다

그래도 놓지 말아야 할 것이 희망이고 보면

아직 우리에게는

내일이 있고 함께 꿈 꿀 가족이 있어

행복합니다

꽃보다 아름다운
가족의 미소

싱글족, 심지어 네오싱글족들이 대접받는 시대에 무슨 가족이야기냐 싶겠지만 가족은 사회구성의 기본 단위이자 원천이다. 사회심리학에서 현대사회의 많은 사회적 병리의 원인이 가정에서 비롯되는 것으로 분석하는가 하면 장애인들의 재활치료 역시 반드시 가족 구성원들이 함께 받아야 한다고 지적하는 치료사들도 많다.

나는 우연한 기회에 미술치료사를 만나 여러 가지 이야기를 들은 적이 있다. 자신도 정상적이지 않은 가정에서 태어났고, 일찍 결혼을 했다가 이혼을 했다는 그녀는 대학을 졸업하고 사회생활을 하면서 사회성이 부족하다는 것을 알았다고 한다. 정신과 치료를 받는 과정에서 심리치료를 병행하는 것이 좋겠다는 의사의 권유를 받고 미술치료사를 만난 것이 인연이 되어 그 때부터 미술치료사가 되기 위해 새롭게 공부를 시작했다고 한다.

낙서를 하거나 미술 재료를 이용하여 표현하고 놀이하는 모든 과정에서 행위자의 속마음이 드러난다고 했다. 미술활동 과정 속에서 선이나 색채를 보면 그 사람의 속마음을 확인할 수 있고, 그 진단에 따라 미술활동으로 치료도 가능하다고 했다. 그녀의 이야기를 듣다보니 영화나 드라마 같은 데서 범죄수사에도 그런 것이 이용된다는 것을 본 기억이 떠올라 평소 내 업무와도 관련이 있겠다 싶어 한동안 주의 깊게 들었다.

그녀는 나에게 집안의 평소 모습을 그려보라고 했고, 가족들은 나무로 표현하라고 했다. 나는 시키는 대로 그림을 그려 그녀에게 내밀었다. A4용지에 볼펜으로 네 가족이 거실에서 텔레비전을 보고 있는 모습을 그렸다.

그녀는 내 그림을 보더니 아이들하고 평소에 대화를 많이 하는 편이냐고 물었다. 나는 자신 있게 그런다고 대답했지만 곧 그녀에게 거짓말이라는 것이 확인되고 말았다. 보통의 아버지들보다 많은 대화를 한다고 생각할지 모르지만 아이들과 제대로 소통이 되는 눈높이에 맞는 대화가 아니라는 것이 그녀의 지적이었다.

듣고 보니 그 말이 사실이었다. 언젠가 중학교 2학년인 아들과 대화를 하다가 그 녀석이 하는 말을 내가 제대로 알아듣지 못하고 버릇없다고 심하게 야단을 친 적이 있었다. 내가 알고 있는 그 말은 분명 욕이거나 어른에게 사용해야 할 적절한 말이 아니었는데 나중에 알게 되었지만 그들 또래에서는 그 말이 충분한 존칭의 뜻이 담

제4장 청정희망의 섬을 찾아서

겨 있었던 것이다.

미술치료사인 그녀는 끝으로 가정을 혼자 책임지고 있다는 생각과 아내에 대한 배려에 비해 자녀들에 대한 배려와 이해심은 많이 모자란다고 지적했다. 가부장적 권위의식이 일상생활에서 자주 드러나는 편일 것이라고도 했다. 그리고 심리치료는 내담자(심리치료의 대상) 한사람의 치료보다는 가족과 함께 치료를 하는 것이 훨씬 효과적이라고도 했다.

가부장적 권위주의! 나는 내 가족의 일상을 곰곰이 되새겨보았다. 아이들과 비교적 대화를 많이 한다고 하지만 턱없이 모자란 것이었을 테고 내가 정작 그들이 필요할 때 곁에서 그들의 이야기를 얼마나 진진하게 들어주었을까 생각해보니 자신이 없었다. 더구나 위에서 말한 대로 나는 내 방식과 기준으로 대화를 했을 것이고 아이들은 또 그들 기준에서 이야기를 하다가 소통이 제대로 안 된다 싶으면 말문을 닫았을 것이다. 그래서 어느 순간부터 아이들과 긴 시간동안 이야기를 해 본 기억이 별로 없는 것 같았다. 당연한 일이었다. 대화를 한다고 했지만 방식과 기준이 서로 다르니 오래 갈 수 없었을 것이다.

나를 비롯한 대부분의 남자들이 가정에서 아이들과의 대화부족을 '시간이 없어서' 라고 말한다. 미술치료사의 지적을 받고서야 나는 시간의 문제가 아니라 방식과 기준의 문제이고 그것은 곧 대화

김상욱의 희망만들기

에 임하는 자세에서 비롯된다는 것을 이해할 수 있었다. 물론 이 원인은 아버지인 나에게만 해당되는 것은 아니어야 한다고 생각한다. 비록 부모만큼은 아니더라도 아이들 역시 부모의 입장을 이해하려는 노력이 필요한 것은 아닐까싶다. 한상복 씨의 배려-마음을 움직이는 힘이란 책을 읽은 적이 있다. 나는 어쩌면 배려의 책 속 주인공인 ‘위’가 아닌가 싶기도 하다.

나는 직장을 그만 둘 무렵 아내 덕분에 가정은 나 혼자 짊어지고 가야 할 짐이 아니라 함께 가꿔나가야 할 공동체라는 것을 깨달을 수 있었지만 정작 얼마나 실천을 하고 있는지 되돌아보게 된다.

남자들이 아끼지 말아야 할 것이 있다. 사랑이다. 가족에게, 특히 아내에게 사랑한다는 표현을 쑥스러워하거나 주저하지 말아야 한다. 나 역시 표현이 서투른 사람이다. 밖에 나와서는 해야 할 표현에 인색하지 않으면서 정작 가족에게는 왜 그리 표현이 서투른지. 가족이라는 믿음이 있어서라고 말할 수 있겠지만 가족이기 때문에 그 믿음을 더욱 단단히 하고 끈끈하게 하기 위해서라도 표현을 자주 해야 하지 않을까.

요즘 이혼율의 증가로 해체되는 가족들이 늘어간다고 한다. 가족의 해체는 사회구성의 기본단위가 흔들리는 데서 오는 많은 부작용을 동반한다. 특히 의존적 가족구성원들의 경우 가치관의 혼란은 물론 자칫 기본적인 삶의 요건을 상실한 채 사회적으로 소외를 당할 수 있다는 점에서 심각한 문제가 아닐 수 없다. 국가와 지방자치 단체가 꼭 챙겨야 할 일이다.

일상에 지쳐 돌아와 집안에서만 향유할 수 있는 행복이 있다면 그 행복은 저절로 주어지는 것이 아닐 것이다. 요즘같이 좀처럼 희망을 이야기하기 쉽지 않은 경제, 사회적 환경에서는 더더욱 그리할 것이다. 가족만이 줄 수 있는 행복은 물질 이상의 그 무엇이 있어야 한다.

가난하다고 모두 불행한 것은 아니다. 어쩌다 현대사회가 물질이 행복의 전부인 것처럼 더 잘살기 위해 모두가 몸부림치게 되었는지. 그러다보니 정작 소중한 것들을 너무 많이 놓치고 있는 것은 아닐까? 어린 시절을 생각해보면 가난은 좀 불편했을지언정 행복을 결정짓는 절대치는 분명 아니었던 것 같다.

행복한 가정의 웃음소리처럼 향기롭고 아름다운 모습이 세상에 또 있을까. 빈자리 없이 행복을 함께 가꾸며 살아가다가 황혼을 맞이하는 것이 나의 가장 큰 소망이다.

김상욱의 희망만들기

지기들과 나눈 술 한 잔

삶이란 항상 조심스러울 수는 없을 것이다. 더러는 과감해야 할 때도 있지만 돌아보면 그 역시 좀 더 신중했어야 할 일들이 많고 보면 조심스러워 해가 될 것은 없을 것이다. 지난 2년 동안 정치입문을 앞두고 많은 고민을 했다. 정치인들이 싸잡혀 욕을 먹고 있는 상황에서 과연 내가 정치를 하는 것이 옳은 일인가부터 나는 무엇 때문에 정치를 하려는 것인가에 이르기까지 나름 조언을 구해가며 답을 찾고자 노력했다.

그렇게 얻게 된 답이 세 가지를 실천하자는 것이었다. 하나는 생활정치요, 또 하나는 책임정치이며, 나머지 하나는 클린정치였다.

얼마 전 정치에 입문하기로 마음먹고 난 후 지인들과 가진 술자리에서 여러 가지 조언을 들을 수 있었다. 뿐만 아니라 지역에서 다양한 사람들을 만나는 과정에서도 지인들이 해 준 조언보다 더 직접적이고 구체적인 내용들을 확인할 수 있었다. 한마디로 요약하자면 정치인에 대한 실망이 정치 자체에 대한 무관심을 불러왔다는 것이었다.

선거 때만 되면 찾아와 허리를 굽히다가도 당선만 되면 얼굴 한 번 제대로 보기 어렵다는 것이다. 약속한 사업이나 민원에 대해서도 선거 때면 무조건 다 해결될 것처럼 이야기했다가 선거가 끝나면 아무런 결과도 확인할 수 없다는 것이다. 지역민들이 민원을 제기하면 해결이 안 되더라도 최소한 안 되는 이유를 설명해주고 이해를 구하면 되는 것임에도 그런 작은 성의마저 보이지 않는 행태가 선거 때마다 되풀이 되고 있어 정치인의 얼굴도 마주하기 싫어진다고 했다.

매년 연말이 되면 예산국회는 파행을 거듭하다가 법정 시한을 넘기기 일쑤고 아직도 여야가 한데 엉키어 몸싸움을 해대고 있는 국회를 보면 저절로 뉴스채널이 돌려진다고도 했다. 어느 시점부터 주요 일간지에서 정치면 기사가 뒤로 밀린 이유를 알 것 같았다. 정치인에 대한 실망이 정치혐오증까지 불러오고 있는 현실을 확인할 수 있었다.

지인들의 진심어린 주문은 다름 아닌 생활정치를 하라는 것이었다. 정책도 정치도 내 삶의 주변을 챙기는 일에서 답을 찾아야 한다고 했다. 가령 선거공약을 개발할 때도 "내가 이런 사람이니 이런 일을 할 수 있다." 고 큰소리치지 말고 지역주민들의 작은 바람부터

김상욱의 희망만들기

낮은 자세로 들어보고 그 속에서 공약도 찾으라 했다.

내가 생각하는 책임정치의 길을 일러 준 주문이기도 했다. 적어도 법과 제도를 만들고 다듬어야 할 위치에 있는 사람에게 책임성이란 아무리 강조해도 지나치지 않을 것이다. 사소한 민원이라도 그 사람에게는 절실한 일이 아닐 수 없다. 내 손톱 밑의 가시가 가장 고통스러운 것이라고 하지 않았든가.

물론 본인이 해결하기 어려운 일이니 청탁의 형식을 취할 수도 있는 일이지만 그 일이 법과 제도의 틀 안에서 해결 가능한 일임에도 방법을 몰라서 그럴 수도 있을 테고 정말 법과 제도 때문에 불가능한 일일 수도 있을 것이다. 앞에서 말한 다산의 애휼이 다른 것이 아니라 이런 일들에 귀 기우리고 해결 방법을 함께 모색하는 것이라고 한다면 생활정치요 책임정치의 길 또한 그 속에서 해답을 찾을 수 있는 것 아닐까? 만약 불가능한 일이라도 그 이유를 들어 설명하고 이해를 구하는 것은 최소한 민원을 제기해 준 사람에 대한 도리라는 것도 잊지 말아야 할 일이라 생각한다.

마지막으로 내가 실천하고 싶은 클린 정치, 깨끗한 정치 역시 지기들과 술자리에서 답을 찾을 수 있었다. 선거법이 강화되고 법 적용이 엄격해지면서 과거의 불법, 탈법 선거 풍토와는 많이 달라졌다.

그래서 내가 말하고 싶은 '클린 정치'는 부정한 사욕을 부리지 않겠다는 것은 너무나 당연한 것이고 나아가 정치와 정책 자체가 투명하고 맑아야 한다는 것이다. 선거를 앞 둔 정치인들 치고 깨끗한 정치를 내세우지 않은 사람은 없겠지만 정책을 투명하게 만들어 가겠다는 약속을 하는 사람은 흔치 않아 보인다. 정책이 투명하면 당연히 정치도 투명해질 수밖에 없다. 생활정치와 책임정치를 원칙으로 삼는다면, 그리고 반드시 실천한다면 저절로 클린 정치도 가능하다고 믿는다.

정책을 입안하는 단계에서부터 지역민들의 입장과 이해를 반영하려 노력하는 것이 클린 정치의 시작이라고 생각한다. 하여 내 정치의 성적표는 나에게 정치의 길을 열어준 유권자들의 몫이 되어야 한다. 선거 때만 되면 찾아와 표를 달라고 자세를 낮출 것이 아니라 일상적인 정치활동에서 지역민들의 이야기에 귀를 기울이면 되는 일이다.

정치인의 바른 길이 멀고 추상적인 곳에 있는 것이 아니라 내 지기들과 나눈 술자리에 있고, 내 이웃과 자리한 포장마차의 술안주에 있고, 내가 만나는 어른들의 덕담 속에 있고, 우리 동네 아주머니의 시장바구니와 슈퍼 아저씨의 농담 속에 있고, 내 아이들의 맑은 웃음과 노랫말 속에 있어야 한다고 생각한다.

생활 정치와 책임 정치와 클린 정치. 이 세 가지의 길에 지기들

김상욱의 희망만들기

과 내 이웃의 따뜻한 웃음이 동반해 준다면 내가 그 길을 마다할 이
유가 없는 것 아닌가.

새벽길은 이슬을
조심할 줄 알아야 한다.

이슬이 가장 아름다울 때는 막 동터오는 햇살을 받아 반짝일 때이다. 그런 이슬이 아침햇살을 받아보지도 못하고 땅 속에 스며들어야 한다면 얼마나 안타까운 일인가. 그래서 어느 시인은 새벽길 풀밭을 걸을 때는 이슬을 많이 떨어내지 않도록 조심하라고 주문했는지 모른다.

새벽길의 이슬이 아름다운 것은 어쩌면 영롱한 아름다움이 짧기 때문이라는 생각이 든다. 어릴 적 말 한 번 건네 보지 못한 첫사랑의 경험, 지금 생각해보면 짧은 순간이었지만 그 기억은 평생을 간다고 한다. '첫' 번째라는 것은 늘 조심스럽고 안타깝다.

나는 지금의 아내가 첫사랑이다. 누군가를 짝사랑 한 번 못해보고 지금의 아내를 만나 결혼까지 했으니 어쩌면 나는 참 못난 놈이거나 행복한 놈이다. 남들이 다 갖고 있는 첫사랑에 대한 아련한 추억을 따로 갖지 못했다는 점에서 못난 놈이고, 처음 만난 사랑과 인연을 맺어 평생을 함께 할 수 있게 되어 행복한 놈이다.

인생의 전환점에 설 때마다 내 곁에서 나를 지켜준 사람. 살다보면 첫사랑인 아내에 대한 고마움과 소중한 인연을 가벼이 여길 때가 많다. 마음을 표현하는 것도 많이 인색해졌다. 아니 게을러졌다고 하는 것이 맞을 듯싶다. 그런데도 아내는 매일 새벽에 새롭게 맺히는 이슬처럼 그 자리에 있어주었다.

내가 공직을 그만 두고 무위도식의 세월을 보내면서 40대 실직가장의 비애를 삭이고 있을 때였다. 일에 치여 정신없는 나날을 보낼 때면 가끔 모든 것을 훌훌 털어버리고 어디론가 떠나고 싶을 때가 있었지만 정작 내가 일을 할 수 없는 상황이 되자 생활의 곤궁함보다 더 견디기 어려운 것이 바로 존재감이었다. 아무 것도 할 수 없는 처지, 정신없이 일에 파묻혀 살다가 어느 날 갑자기 그 모든 일에서 내쳐졌을 때의 허망함은 경험해보지 못한 사람은 이해할 수 없다. 집에서만 죽치고 있을 수 없어 무작정 집을 나서지만 정작 갈때도 없고 만나야 할 사람도 없다. 아무런 이유 없이 커피숍에 혼자앉아 시간을 죽이다가 점심때가 되면 주머니에 돈이 있어도 더 막막해지던 나날들. IMF시절 하루아침에 거리로 내몰린 30, 40대 실직가장들의 비애가 더 이상 남의 이야기가 아니라 바로 내 모습이었다.

하루하루 밖에서 할 일 없이 시간을 보내는데도 일을 할 때보다 더 지치고 힘들었다. 집으로 돌아와 풀 죽은 모습으로 앉아있는 나에게 아내는 어느 날 시 한 편을 건네주었다. 박노해 시인의 ‘너의 하늘을 보아’ 다 지금도 내 지갑에 들어있는 이 시를 나는 눈물로 읽고 또 읽었다.

너의 하늘을 보아

네가 자꾸 쓰러지는 것은
네가 꼭 이룰 것이 있기 때문이야

네가 지금 길을 잃어버린 것은
네가 가야만 할 길이 있기 때문이야

네가 다시 울며 가는 것은
네가 꽃피워 낼 것이 있기 때문이야

힘들고 앞이 안 보일 때는
너의 하늘을 보아

네가 하늘처럼 생각하는
너를 하늘처럼 바라보는

너무 힘들어 눈물이 흐를 때는
가만히 네 마음의 가장 깊은 곳에 가닿는
너의 하늘을 보아.

- 박노해 시인의 너의 하늘을 보아 전문

아내가 아무 말 없이 건네 준 이 시에서 나는 새로운 희망을 건질 수 있었다. 그리고 새롭게 시작할 수 있었고, 오늘에 와 있다.

문득 돌아보니 어느새 아내와 함께 삶을 꾸린 지 20년을 넘겼다. 내가 정치를 해 보겠다고 말을 꺼냈을 때도 "당신이 가장 잘 할 수 있는 것인지 생각해보고 결정하라"고 주문하던 아내에게 나는 그저 어려서부터 내가 하고 싶었던 것이어서가 아니라 정말 이 시점에서 내가 가장 잘 할 수 있는 것임을 꼭 보여주고 싶다. 그것이 그녀를 사랑하는 내 마음을 드러내는 첫사랑 연애편지 같은 것이니까.

나는 오늘 새벽길을 나선다. 어려서부터 꿈꿔 온 길이지만 처음 들어서는 길이다. 지치고 힘들 때도 더러 있을 것이다. 높은 산의 정

제4장 청정희망의 섬을 찾아서

상에 설려면 고개를 너무 들지 말라고 했던가! 오늘처럼 새벽길을 나서며 내 발길에 이슬이 많이 떨어지지 않기를 바라는 마음가짐을 지켜봐 줄 아내.

아내는 아침마다 새롭게 맺히는 이슬이다. 작은 공명에도 흔들려 깨질지 모르니 나지막하게 말해주고 싶다.

사 랑 한 다 고

팔불출,
인생 전환점에 다시 서다.

나 더러 친구들은 생긴 것은 기생오라비 같은데 하는 짓은 마당쇠 같다는 말을 곧잘 한다. 어울려 놀기도 좋아하지만 일에 대한 열정이나 책임감이 강한 것에 대한 친구들의 칭찬이기도 하지만 아내에 대한 내 평소의 생각과 행동 때문이다. 내가 평생을 두고 갚아도 턱없이 모자랄 과분한 사랑을 받은 한사람의 이야기를 하려고 한다.

지금까지 살아오면서 나는 크게 두 번의 인생전환점이 있었다. 첫 번째는 대학에 다닐 때 지금의 아내를 만난 것이다. 아마 이 시기에 아내를 만나지 않았다면 나는 지금쯤 퇴물 개그맨이 되어 있거나 방송가를 얼쩡거리는 단역배우가 되어 있을 것이다.

법학도였던 나는 고시준비보다는 친구들과 어울려 놀기에 여념이 없었다. 당시 배추머리로 명성을 날렸던 김병조 씨가 개그 프로의 시청률을 평정할 만큼 인기를 얻고 있었다. 당시 김병조 씨는 이

전의 코미디 프로그램과는 차원이 다른 개그로 모 방송국의 간판이나 다름없었다. 바로 이 때 나에게 제안이 들어왔다. 당시 서울예전에 다니던 고등학교 동창생 안형순이 상대 방송국에서 김병조 씨를 능가하는 개그 프로그램의 앵커를 찾는다며 함께 개그콘테스트에 나가보자는 것이었다. 나는 망설일 이유가 없었다. 당장 전유성 씨가 준비한 콘티에 따라 연습에 들어갔다. 양화대교 남단에 있던 레스토랑에서 연습을 시작했다. 볼펜을 입에 물고 바람이 세는 영어 발음을 배우느라 입술이 부르틀 정도로 열심이었다.

놀기 좋아하고 사람 좋아하는 나에게 그보다 적합한 일은 없을 것 같았다. 그러나 길게 갈 수 없었다. 그 무렵 나는 지금의 아내와 열애 중이었고, 아내는 내가 고시에 전념해서 적어도 판검사는 될 것이라 믿고 있었기에 아내를 속이고 연습을 다닐 수밖에 없었다. 아내에게 결국 들통이 났고 나는 지금의 아내와 개그맨의 꿈을 놓고 선택할 수밖에 없게 되었다. 아내는 단호했다. 고시에 전념하지 않으면 헤어지겠다는 것이었다. 나는 지금도 가끔 아내에게 물어보고 싶을 때가 있다. 내가 만약 개그맨의 길을 계속 가려고 했다면 정말 헤어졌을 것이냐고?

나는 아내를 선택했다. 사법고시를 합격해서 영화를 누리겠다는 것보다는 아내와 헤어질 수 없어서였다. 그 후 나 역시 단호해질 수밖에 없었다. 당시 아내는 내가 한번 한눈을 팔았기 때문에 나를 더

김상욱의 희망만들기

욱 세차게 몰아 붙였다. 그렇게 다시 공부를 시작하였고, 아내 덕분에 나는 국정원에 응시하여 합격을 한 후 정보기관의 공무원으로 사회에 첫발을 내딛게 되었다. 아내가 첫 번째 내 삶의 전환점이자 출발점인 셈이다.

두 번째의 전환점은 국정원의 옷을 벗게 된 일이다. 앞에서 이야기했지만 1996년 대통령 선거 당시의 일로 나는 국정원에서 적잖은 어려움을 겪었다. 거듭되는 인사 조치에 의해 지방으로 내몰린 나는 심지어 보직 없이 사무실 난로가에서 몇 달을 보내기도 했다. 모든 기관조직이 그렇겠지만 국정원에도 인사의 기준과 원칙이라는 것이 있다. 보직 변경이나 지방 근무는 적어도 1년 이상을 경과해야 한다. 업무의 효율성을 위한 당연한 원칙이다. 그럼에도 나는 1년을 채우지 못한 채 지방 발령이 거듭되었다. 인천으로 발령된 지 1년도 안돼서 다시 대구로 발령이 내려지자 나는 더 이상 견딜 수 없었다. 차라리 옷을 벗으라고 한다면 부당한 인사 조치에 맞서겠지만 그럴 만한 명분과 이유를 찾지 못했기 때문에 옷을 벗으라고 하는 것이 아니라 비정상적인 인사 조치로 사람의 피를 말리고 있었다.

나는 조직적인 횡포에 한 개인이 얼마나 처참하게 일그러질 수 있는 것인지 뼛속 깊이 체험했다. 결단이 필요했다. 그러나 어디 옷을 벗는다는 결정이 그리 쉬운 일인가? 나는 내가 조직 내에서 열심히 일한 대가로 가족의 생계를 꾸려왔고 젊은 시절 자식들을 위해 당신들의 모든 것을 다 바치신 부모님을 봉양해 왔다. 그렇게 일이 년도 아니고 수십 년을 살아왔는데 이제 그런 기본적인 사람구실조차 할 수 없게 되는 것이다. 한 개인의 실직과 고통이 그 개인에게만 국한되는 것이 아니라 가족 모두에게 전이된다는 것을 그들도 모르지 않을 텐데 나에게 가해지는 집요하고도 조직적인 보복(그래! 당시 내 심정을 생각하면 가장 적절한 표현이다)은 더 이상 견딜 수 없는 상황을 만들고 있었다.

옷을 벗기로 마음먹었다. 아내에게 어떻게 말을 해야 할지 막막해 차일피일 결심의 실행을 미루고 있던 어느 날 아내는 이미 모든 것을 알고 있었다는 듯이 나에게 "견디기 어려우면 마음먹은 대로 하세요. 혹시 나와 아이들 때문이라면 그동안 살아오면서 충분히 했잖아요? 어떻게든 될 거예요!"

담담하게 말하는 아내의 어조에서 연애시절의 단호함을 또 한 번 느낄 수 있었다. 가장이 실직을 하면 자신과 아이들이 어떤 고생을 감수해야 할 것인지 아무 것도 예측할 수 없는 상황에서 그렇게 담담하고 단호하게 만해줄 수 있는 힘이 도대체 어디에서 나오는지? 고등학교 시절 꽁보리밥이 창피해 도시락을 숨겨놓고 학교에 가져가지 않았다가 어머니가 그것을 깨끗하게 씻어 놓은 것을 보고 가슴이 미어지셨을 어머니의 슬픔이 그 때의 아내 심정이었을 것이다.

2009년 6월 나는 강제해직이나 다름없는 명예퇴직을 하게 되

김상욱의 희망만들기

었다. 두 번째 인생의 전환점에도 아내는 내 곁에 그렇게 자리해 있었다. 이제 나는 세 번째 인생의 전환점에 서 있다. 어쩌면 이것이 나의 마지막 전환점이 될 것이다. 그렇게 되기를 간절하게 소망하면서 정치에 입문하려 한다. 적어도 두 사람의 심정, 하나는 어머니의 마음이고 또 하나는 아내의 마음을 늘 떠올리면서 정치를 할 것이다. 내 어머니의 마음이 심화되어가고 있는 양극화의 한쪽에서 고통 받고 있는 이 시대 보통의 어머니들의 마음이라면 내 아내의 단호했던 그 심정은 편 갈라 대립하면서 상식과 보편적 가치를 무시하는 기성정치인들의 행태에 대한 이 시대 청년들과 붕괴되어가는 중산층 주부들의 분노가 아니겠는가? 그 분노가 2011년 10월 26일의 서울시장 선거를 통해 확인되었다고 생각한다.

정치를 하겠노라고 처음 말을 꺼내던 날 아내는 또 나에게 단호함을 보여주었다.

"당신이 제일 잘 할 수 있는 것이 정치라고 생각하세요?"

"응! 내가 가장 하고 싶었던 일이잖아."

"지역은 정했어요?"

"응 시흥"

"시흥! 시흥에 대해 잘 알아요?"

"실은 잘은 몰라. 그런데 기왕 정치를 시작하려면 수도권에서 가장 낙후된 곳에서 그 도시와 내 미래를 함께 열어가고 싶어서!"

제4장 청정희망의 섬을 찾아서

"그래! 그럼 이사해야겠네요? 우리가 살고 있는 곳에 비하면 그곳은 시골이잖아요? 내가 아이들에게 잘 이야기 할 테니까 당신은 준비나 잘 하세요!"

"근데 한 가지만 약속해 주세요! 만약 이사를 가게 된다면 그곳에서 다시 서울로 나올 생각하지 말고 혹시 떨어지더라도 그곳에서 끝장 볼 생각하고 열심히 해서 국회의원 되더라도 그곳에서 평생 살면서 정치할 각오로 이사하는 거예요?"

"!?"

이제 시작되는 세 번째의 내 인생의 전환점에도 아내는 곁에 있다.

"연꽃 테마파크"

"출렁이는 월곶포구"

제5장

희망의 주체는 사람이다

희망은 혼자 꾸는 꿈이 아니라
더불어서 함께 만들어가는 것입니다

시장바구니와 저녁 밥상

　　좀처럼 세상살이의 팍팍함이 나아질 기미가 보이지 않는다는 사람들이 많다. 좀 더 잘살 수 있을 것이란 기대와 믿음으로 들어선 정부마저 신통치 않아 속상해 한다. 통계청과 한국은행이 갖가지 경제지표를 내놓지만 서민들에게는 거리가 있어 보인다.

　　선거를 앞두고 정부에서는 또 이런저런 경기활성화 대책을 발표하지만 이 역시 서민들의 삶에 별다른 변화를 주기는 어려울 것 같다. 각종 규제를 풀어 부동산 시장을 활성화하겠다는 것인데 정작 중소기업이나 중소상공인들에게 어떤 기대를 줄 수 있을까?

　　대기업이 운영하는 경제연구소들의 2012년 경제 예측 역시 정부와 한국은행이 발표한 예측이나 목표와 차이를 보이고 있다. 수출경기를 뒷받침해야 할 내수경기도 이들 연구소들의 각종 발표 자료를 보면 쉽게 살아날 것 같지 않다고 한다. 원인으로는 취업불안에 의한 가계소비의 위축이라고 한다.

그런데도 소비자 물가는 계속 오르고 있어 주부들의 시장바구니는 갈수록 가벼워지고 시장을 찾는 주부들의 발걸음은 무겁기만 하다.

실업가장으로 몇 년의 세월을 보내야 했던 나는 언젠가 아내와 함께 시장을 찾았다가 우리나라의 주부들이 얼마나 치열하게 살림을 꾸려가고 있는지 느낄 수 있었다. 콩나물 한 봉지를 두고 100원짜리까지 따져가며 장을 보는 주부들에게 공공요금의 인상이 얼마나 큰 것인지 처음 알았던 것이다. 장남이 아닌 우리가족의 경우 명절을 앞두고 별다른 변화가 없지만 명절을 쇠는 가정의 주부들은 하나같이 한 번의 명절이 바뀔 때마다 한숨이 절로 나온다는 아내의 말도 이해할 수 있었다.

어디 그 뿐인가? 먼 미래도 아닌 가까운 장래의 경제동력이 될 청년들의 실업은 또 어떤가? 대학을 졸업하고 취직이 안 되서 학자금 대출을 갚지 못해 사회에 발을 내딛자마자 신용불량자가 되는 상황이다. 한국은행이 발표한 2012년 신규취업률이 2011년 40만 명에서 28만 명으로 줄어들 것이라는 전망이고 보면 당분간 청년들의 취업난 해소는 기대하기 어려워 보인다.

비싼 대학등록금에 전세난 월세난, 그리고 대출 금리의 인상으로 서민들의 삶은 너나없이 쪼들릴 대로 쪼들려 있다.

정부의 경제정책에 대해서는 이미 2011년 10월에 치러진 서울시장 보궐선거에서 국민의 뜻이 확인되었다. 보편적 복지와 예산대비 단계적 복지로 맞서던 정치권의 입장은 어느 순간부터 앞 다투며 복지정책을 쏟아내고 있지만 이 역시 우선 민심이라도 얻고 보자는 미봉이 아닐까 불안하다.

나는 경제정책에 대해서는 전문가가 아니지만 적어도 서민경제가 안정되지 않고서는 그 어떤 정책도 성공할 수 없다는 것쯤은 안다. 더 나아가 어떤 정부도 서민들의 경제적 고통을 외면하고서는 제대로 평가받을 수 없다고 생각한다. 경제란 경세제민, 혹은 경국제세라는 말에서 유래된 것임을 중학교에서도 배운다. 곧 세사를 다스려 도탄에 빠진 백성을 구하는 것이 경제라는 말이다.

수출 의존형 경제구조인 우리 경제는 그동안 대기업 의존형 경제구조라고 해도 과언이 아닐 만큼 대기업이 국민경제에서 큰 비중을 차지해 왔다. 그러나 다변화, 다각화로 대표되는 세계경제 질서의 빠른 변화는 창의적 기술개발과 혁신을 끊임없이 요구하고 있어 이에 적합한 중소기업을 집중 육성하는 것이 필요하다고 전문가들은 지적하고 있다. 뿐만 아니라 중소기업은 취업기회의 확대를 통한 내수시장의 활성화와 중산층의 안정화에도 실질적으로 기여할 수 있다는 점에서 중소기업의 육성은 반드시 필요하다고 생각된다. 그리고 대기업과 중소기업의 상생적 협력에도 국가가 일정한 역할을 함으로써 중소기업이 성장할 수 있는 기반을 국가가 제공해주는

김상욱의 희망만들기

것도 필요한 시점이라 생각된다.

또 하나는 서비스 산업의 육성이다. 의료, 문화콘텐츠, 관광과 레져, 사회, 비즈니스 등의 서비스 산업을 육성하는 것은 앞으로 우리 사회가 지향해야 할 보편적 복지와도 연관될 뿐만 아니라 일자리 창출과 관련된 중요한 산업이다. 이미 초고령화사회 진입을 눈앞에 두고 있다는 점을 감안하면 더욱 시급한 일이기도 하다. 청년실업의 해소와 관련해서도 청년창업이 비교적 용이한 서비스 산업의 육성은 부족한 경제지식을 갖고 있는 내가 생각해도 꼭 서둘러야 할 경제정책의 방향이 아닐까 싶다.

일자리의 증가와 내수의 활성화라는 시장경제의 선순환을 위해서라도 중소기업과 중소상공인들의 성장은 국가와 지방자치단체가 발 벗고 나서야 할 일이다. 중소기업과 중소상공인들이 활기를 되찾을 때 주부들의 시장바구니도 여유를 가질 수 있다. 나아가 청년실업이 해소되어야 집안에서의 저녁밥상이 편안해진다. 한 가정의 의식주가 안정되고 가족구성원들의 불안이 해소되어야 비로소 희망을 이야기할 수 있는 마음 편한 밥상머리가 될 것이다.

희망돼지와 희망캠프
참여 민주주의를 생각하다.

지난 20세기가 국가가 국민, 혹은 시민을 통제하는 기술의 시대였다면 우리가 살고 있는 21세기는 선거라는 간접적인 참여에 그치지 않고 시민이 정치적 기능과 사회적 기능에 직접 참여하여 보다 나은 공동체를 이루는 시대이다.

우리 정치사만 돌아보더라도 일당독재와 군사정권의 전근대적 폭압의 질서를 무너뜨린 것이 1987년 정점을 이룬 민주화운동이었고, 이후 군사정부와 대별되는 개념을 사용한 문민정부, 수평적 정권교체를 실현한 국민의 정부가 출범하였고 그 뒤를 이어 참여정부가 들어섰다. 시민들의 정치, 사회적 참여의 확장은 거스를 수 없는 시대의 흐름이다.

사회이론가로서 참여 민주주의를 말하려는 것 아니라 정치입문에 앞서 내가 실천하고 싶은 참여 민주주의에 의한 지역공동체에 관한 이야기를 하고 싶다.

2002년 시민들의 자발적 참여에 의해 정권이 수립될 수 있었던 역사적 감동을 기억하는 사람들이 많을 것이다. 전국에서 모여 든 희망돼지가 정치의 모든 것을 바꾸어놓은 일이었다. 당장 정당을 운영하고 계파를 유지하기 위해 거액의 정치자금을 조성하고 이 과정에서 온갖 불법이 횡횡했던 불법 정치자금의 시대를 희망돼지가 마감시켰다. 이른바 차떼기 정당이라는 말까지 만들어지기도 했던 우리 정치의 어두운 단면이 어린 고사리 손에 쥐어진 100원 짜리와 시장 좌판의 할머니 속주머니에서 나온 꼬깃꼬깃한 1000원 짜리 지폐가 담긴 희망돼지에 의해 사라진 것이다.

그렇게 시작된 희망돼지는 지금 이 순간에도 참여 민주주의에서 핵심이라 할 수 있는 커뮤니티의 대명사가 되어 사람과 사람을 잇고 동네와 동네를 잇고 일과 일을 잇고 있다.

뿐만 아니라 희망돼지는 지난 10월 26일 서울시장 보궐선거에서는 희망캠프가 되어 상식과 보편을 무시하는 정치권에 경종을 울리고 정치지형에 또 한 번의 지각변동을 일으켰다. 이 사회는 특별한 사람들과 특별한 세력들에 의해 움직이는 것이 아니라 보통의 시민들의 보편적이고 상징적인 사고와 행동에 의해 움직이는 것임을 확인해 준 것이다.

나 역시 정치에 입문하는 지금 이 순간 희망돼지와 희망캠프를 이어갈 방법을 모색하고 있다. 바로 사회적 약자를 배려하고 정치,

제5장 청정희망의 섬을 찾아서

사회, 경제, 문화적으로 소외된 이들에게 나눔의 커뮤니티를 신천하고 싶은 것이다. 그렇다고 내가 사회사업가는 아니다. 나 혼자 감당할 만큼 재력을 갖고 있는 것도 아니다. 그럼에도 이런 꿈을 갖는 것은 내 주변에 그래도 조금씩의 능력을 갖고 있는 사람들이 있기 때문이다. 재력이 되는 사람은 재력으로, 재주가 있는 사람은 자기가 갖고 있는 재주로, 기술을 갖고 있는 사람은 기술로, 지식을 갖고 있는 사람은 지식으로 희망돼지를 채우고 희망캠프를 짓자는 생각이다.

좀 더 구체적으로 이야기 하자면 내 고등학교 동창인 친구 김경철이 제안해 준 문화기부은행이나 사회적 약자의 대표적인 4궁의 처지에 있는 이들을 위한 생활지킴이 봉사단 등이다. 법률가와 의료인, 노무사와 건축인 등이 모여 저마다의 기술과 능력과 머리를 맞대면 최소한 우리 동네의 어려운 이웃에게 기본적인 사회적 기능을 제공하는 것은 그리 어려운 일이 아닐 것이다.

나눔은 더 큰 행복을 창조하는 가장 효율적인 방법이다. 내 이웃의 불행 옆에서 나만의 행복이 얼마나 의미가 있을 것인가를 생각하면 나눔이야말로 자신의 행복을 확장하는 효율적인 방법이 아닐까?

내가 사는 곳에 세상도 바꿀 힘이 있는 희망돼지가 자라고 내가 사는 곳에 조금 더 여유로운 사람과 조금 어려운 사람이 함께 모여 꿈과 희망을 만들어가는 희망캠프가 세워진다면, 그리하여

김상욱의 희망만들기

우리가 사는 세상이 더 밝아진다면 나는 기꺼이 그 작은 주춧돌이
되고 싶다.

도시 경쟁력을 갖추기 위해
지향해야할 방향은 무엇일까?

지속 가능한 도시 경쟁력을 갖추기 위해 도시가 지향해야할 방향은 무엇일까?

그 첫 번째는 사람에 대한 투자여야 한다. 창조적 능력을 가진 사람들이 모여들게 만드는 것이 도시 경쟁력의 핵심이라고 생각한다.

둘째는 도시 자체의 창의성을 높이기 위한 노력이다. 창의성은 곧 차별화, 독자성과 연계되어 도시의 미래경쟁력을 갖추기 위한 기본 요건이 될 것이다.

셋째는 과감한 리더쉽이 있어야 한다. 리더가 열려있지 않고 창의성을 갖지 못하면 아무리 좋은 정책이라도 책상서랍에 들어 있을 수 밖에 없다.

네 번째는 도시구성원의 참여와 합의가 전제되어야 한다는 점을 강조하고 싶다. 어느 도시를 막론하고 개발과정에서 구성원 간의 갈등은 존재할 수 밖에 없다.

김상욱의 희망만들기

사람이
희망이다.

　도시의 발전도 정책의 기본도 정치의 방향도 그 주체는 사람이다. 하여 사람이 희망이다. 희망은 혼자 꾸는 꿈이 아니라 더불어서 함께 만들어가는 것이다.

　이제 김상욱! 내가 살아오면서 기억하고 남기고 나눠야 할 일들을 메모하는 마음으로 여기 옮겨놓는다. 희망을 만든다는 것! 결국은 사람을 사랑하는 일임을 졸고를 마무리하면서 다시 한 번 확인한다. 김상욱이 살아갈 길 역시 희망을 만들고 그 희망의 중심에 사람을 세우는 것이 될 것이다.

"연꽃 테마파크"

"물왕저수지의 일출은

오늘도 떠오른다"

긍정에너지 바이러스

부록

긍정에너지

축 처진 그대에게 전하는
긍정에너지 행복바이러스

그럼에도
불구하고 긍정합시다.

일본 아오리현에 태풍이 불어닥쳤다. 어찌나 강력한 태풍이었는지 인명 피해는 물론이고 재산 피해도 심각했다. 특히 아오리현의 사과는 지역 특산물로 지역 경제에 큰 역할을 하고 있었는데, 태풍으로 인해 대부분 농장에서는 사과를 수확하는 일이 어려워졌다. 채 익지도 않은 사과가 떨어졌을뿐더러 사과가 많이 상했기 때문이다.

태풍은 지나갔지만 아오리현 지역 경제는 무너질 지경에 이르렀다. 사과 농사는 망쳤고 그나마 수확한 사과의 양이 전체의 10% 정도에 불과했으니 상황은 너무 절망적이었다. 그런데 아오리현은 기사회생했다. 아니 예전보다 더욱 높은 인지도와 경제력을 회복했다.

이유가 무엇이었을까? 그들은 태풍으로 인해 벌어진 절망적인 상황에 시선을 빼앗기지 않았다. 대신 남아 있는 것들을 긍정적으로 바라본 것이다. 그러자 10% 수확량에 불과한 사과가 성공 요소로 보이기 시작했다.

김상욱의 희망만들기

수확한 사과는 '합격 사과' 로 변신했다. 부제로 붙은 합격 사과의 내용은 '태풍에도 절대 떨어지지 않는 사과' 가 되었다. 이윤을 맞추기 위해 원래의 가격보다 10배나 비싸게 매겨져 시장에 선보였건만, 합격 사과는 날개돋힌 듯이 팔렸다. 결국 아오리현의 사과는 일본 일대의 높은 지명도와 이윤을 남기며 긍정의 힘을 보여주었다.

긍정, 어떤 상황에서도 가장 희망적인 생각과 말 행동을 하도록 마음을 품는다는 사전적 의미를 갖는다. 이 말은 곧 자기 자신의 선택에 의해 충분히 긍정할 수 있다는 것을 말한다.

오늘날 많은 사람들이 시들어가고 있다. 변화하는 시대에 발맞추기 위해, 변화하는 시대를 주도하기 위해, 변화하는 시대를 따라가지 못해 영혼들이 시들어가고 있다. 그러나 절망적인 상황에 눈을 돌리지 않아야 한다. 어떠한 상황에서도 자신에게 있는 좋은 부분을 바라보는 마음의 창을 열어야 한다.

인도 우화 중에 이런 이야기가 있다. 평소 고양이를 너무 두려워하는 쥐가 있었다. 그 쥐가 가여웠던 신이 쥐를 고양이로 만들어 주었다. 고양이가 된 쥐는 뛸듯이 기뻤으나 이내 고양이를 위협하는 개가 두려웠다. 신은 다시 쥐를 개로 만들어 주었으나, 이젠 호랑이가 무서워졌다. 다시 호랑이로 변하게 된 쥐는 호랑이를 사냥하는 사냥꾼이 두려워졌다. 사냥꾼이 두려워하는 쥐를 본 신은 이렇게 대답했다.

"너는 다시 쥐가 되어라. 무엇으로 만들어도 쥐의 마음을 갖고 있으니 나도 어쩔 수 없다."

사람들이 꿈을 이루지 못하는 것은 생각을 바꾸지 않으면서 결과를 바꾸고 싶어하기 때문이라는 말이 있다. 자기 스스로 생각을 바꾸어 긍정의 창을 열면 꿈을 이룰 수 있고 결국 인생을 변화시킬 수 있다는 의미다. 이 쥐가 마음이 창을 열어 좋은 부분을 바라보았다면 충분히 더 나은 인생을 살 수 있었을 것이다.

우리의 뇌는 진짜와 가짜를 구분하지 못한다고 한다. 『뇌내혁명』를 지은 하루야마 시게오는 우리 뇌는 어떻게 생각하느냐에 따라 뇌도 달라진다고 주장했다. 마이너스 발상을 하면 뇌도 그렇게 작용하여 부정적인 호르몬을 분비하지만, 플러스 발상 즉 긍정적인 생각을 하면 베타 엔돌핀이란 것이 분비되어 사람을 젊고 건강하게 만든다는 것이다.

지금은 이러한 긍정적 생각이 필요한 때다. 시들어가는 영혼들을 일으켜세울 강력한 무기는 긍정 바이러스이다. 긍정 바이러스는 한번 침투하면 절대 세력이 약해지지 않으면서 생각을 변화시키고 꿈을 이루게 하여 인생을 찬란하게 이끌어 줄 것이다. 또한 바이러스가 지닌 특징인 폭발적 전염력이 더해져 시들어가는 세상을 밝히

김상욱의 희망만들기

리라 생각한다.

　우리는 본래 긍정적인 존재다. 아무 것도 아닌 일에 웃었고 어떠한 상황에서도 희망을 잃지 않았으며 언제나 꿈꾸었다. 이제 그 본성을 되돌릴 시간이 되었다. 당신은 그저 긍정 바이러스 버스에 올라 타기만 하면 된다.

나를 바꾸는
긍정 바이러스

당신은 유일합니다.

세상에서 가장 멋있는 사람을 한 자로 줄이면 ☞ '나'

세상에서 가장 훌륭한 사람을 두 자로 줄이면 ☞ '또 나'

세상에서 가장 멋진 사람을 세 자로 줄이면 ☞ '역쉬 나'

이번엔 네 자로 줄이면 ☞ '그래도 나'

다섯 글자로 줄이면 ☞ '다시봐도 나'

자, 이번엔 글자수를 늘여 아홉자로 줄이면 무엇일까 ☞

'요리보고 조리봐도 나'

언제 들어도 기분 좋아지고 나를 높이는 유머란 생각에 이 말을 자주 애용하곤 한다.

우리는 너무 자기 자신을 높이지 않는다. 겸손과 자기를 높이는 것은 반대가 아니다. 진정한 겸손은 자신에 대한 존중함이 있어야 나오는 법이다. 슈바이처 박사가 아프리카에서 돌아올 때 사람들의

김상욱의 희망만들기

예상을 깨고 3등칸 손님으로 내리면서도 '이 기차는 4등칸이 없어서 3등칸을 타고 왔습니다.' 이야기 했던 것은 자신에 대한 존중감이 있었기에 겸손하면서도 당당할 수 있었을 것이다. 나를 힘내게 하기 위해서는 먼저 자신을 사랑스럽게 바라볼 줄 아는 따뜻한 눈이 필요하다.

맹구부목의 이야기를 한 대목 들려주어야겠다. 가도 가도 끝이 없는 망망대해에 한쪽 눈이 먼 거북 한 마리가 살고 있었다. 그 거북은 백만년에 한번 숨을 쉬러 잠깐 바다 표면에 떠올랐다가 다시 바다 속으로 가라앉는다고 한다. 그런데 바다 위로 올라와 숨을 쉬기 위해 도구가 필요한데, 다행히 망망대해 위에 한 조각의 나무 판자가 있고 그 판자엔 조그만한 구멍이 뚫려 있다고 한다. 거북이 그 나무 조각을 만나야만 숨을 쉴 수 있단다.

이 거북이 백만년 만에 수면 위로 올라오는 일도 힘든데 그 망망대해 이리저리 휩쓸려 떠도는 구멍뚫린 나무 조각을 만나는 일은 얼마나 더 힘이 들까 말이다. 이 맹구부목의 이야기는 우리가 이 세상에 태어나는 것이 백만년 만에 바다 위로 올라와 나무 조각과 만나는 것과 같이 어려운 일이라는 것을 말해준다.

우리네 인생이 그러하다. 어려운 인연의 끈을 쥐어잡고 나온 만큼 귀하다. 그런데도 우리는 자신에게 냉대하다. 영어에서 나를 'I'라고 표현한다. 약속이라도 한 듯 숫자 1과 비슷한 I와 1과 나. 이것이 지닌 의미의 상통을 깨달았으면 좋겠다. 이 세상에 유일한 존재, 언제나 나는 대문자 'I' 로 표현되는 주체적인 존재 그러한 존재가 바로 나인 것이다.

모리와 함께 한 화요일의 저자 모리 슈워츠 교수 역시 인생의 마지막 길에서 많은 이들에게 이러한 메시지를 남겼다.

'자신을 사랑하는 사람 자신을 동정할 줄 아는 사람. 자신에게 친절한 사람이 되십시오.

자신을 진실로 아는 자는 진실로 자신을 귀하게 여기며 자신에 대한 귀한 존경심을 통하여   타인을 자기처럼 귀하게 여기는 방법을 배우게 됩니다. 즉 자신을 사랑함에서부터 시작하   여 타인을 사랑하게 됩니다.'

바로 지금 이순간, 자신을 사랑할 만한 이유를 찾아내길 바란다. 고민할 필요가 무엇이 있는가. 이미 맹구부목의 힘들고 고된 인연의 끝을 붙잡고 태어난 유일무이한 존재란 사실만으로도 소중하고 귀하다. 그리고 세상 누구보다 자기 자신에 대해 가장 잘 알고 있으니 얼마나 위대한가. 그리고도 부족하다 싶을 땐 나를 높이는 유머를 계속 써 나가도록 하자. 세상에서 가장 위대하고 멋진 사람을 일곱자로 줄이면? 여덟자로 줄이면? 아마 그토록 자신을 높이는 수식어가 많다는 사실에 놀라게 될 것이다.

김상욱의 희망만들기

인생에
중요한 세가지

한국 사람들은 삼 세 번을 참 좋아한다. 가위바위보를 해도 삼세 번으로 승부를 가리기도 하고, 게임을 해도, 뭘 먹어도 삼 세 번을 강조한다. 3이란 숫자가 지닌 완벽성도 있지만 한국인들이 세 번을 중시하는 것은 단 한번으로 결정을 내리기보다 기회를 조금 더 줌으로써 만회할 여유를 주는 긍정적 이유도 있을 것이다.

그런 의미에서 인생에 있어 중요한 세가지에 대한 이야기를 해보고자 한다. 인생을 살면서 다스려야 할 세가지가 있다고 한다. 그것은 성질, 혀, 행위이다. 부연 설명하는 것이 무색할 정도로 말을 조심하고, 행동을 조심하며 성질을 조심해야 하는 것은 너무 중요한 일일 것이다. 하여 이 세가지는 늘 함께 행동한다.

세 치 혀의 권력은 대단하다. 논리학자였던 피에르 아벨라르는 논쟁에서 누구에게도 진 적 없고 공개논쟁에서 조차 스승을 굴복시킬 정도로 실력의 소유자였다. 그의 혀는 대가와 석학들을 상대로 무참히 논쟁과 토론을 벌여 굴복시키고야 말았다. 어딜가나 주위 사람들의 위선을 폭로하는 데 열심이었던 그였기에 사람들은 그를 경외하면서도 돌아서면 그의 불운을 기원할 정도로 미워했다.

말년에 고향의 수두원 원장으로 부임했지만 그곳에서도 세치 혀는 끊임없이 비판을 쏟아냈다. 하여 독살당할 뻔하기도 했다. 훗날 사람들은 그를 천재라 기억하면서도 남에게 깊은 아픔과 상처를 주는 천재라고 회고했다. 그의 불행한 삶의 원인은 무엇이었을까. 결국 혀와 성품 결국 행동까지 다스리지 못했기 때문이다.

인생에서 다스려야 할 세가지를 반드시 기억하길 바란다. 이 세 가지는 늘 조심해야 하지만 여기에 긍정의 요소를 불어넣으면 의외의 결과가 나타난다.

세치 혀의 부정적인 이미지에 긍정을 불어넣는 것이다. 아벨라르가 입을 열 때마다 부정적인 말을 쏟아부었던 것과는 달리 긍정의 말을 담는다.

가령 긍정 말하기는 다음과 같다.

"나는 안 돼" ☞ "나는 돼"

"나는 할 수 없어" ☞ "나는 할 수 있어"

"저 사람 맘에 안 들어" ☞ "저 사람 맘에 들어"

"나 같은 게.." ☞ "나나 되니까.."

절대 어려운 일이 아니다. 옛말에 말이 씨가 된다는 말이 있듯

김상욱의 희망만들기

긍정의 말이 씨가 되어 행동을 변화시키고 결국 성품을 나아가서는 인생을 변화시킬 수 있다.

어떤 사람이 못생긴 얼굴이 늘 컨플렉스였다. 남들처럼 조각 외모는 갖지 못할 망정 주먹코에 빨개지는 얼굴빛 때문에 대인 관계에 있어서도 소극적이었던 그는 열등감으로 똘똘 뭉쳐 있었다. 그런데 어느날, 거울을 보던 그에게 의문이 들었다. 철 들고나서 처음으로 거울을 찬찬히 들여다보는데 나름대로 괜찮은 자신의 모습을 발견한 것이다. 주먹코지만 그리 크지 않아 복스러워보였고 얼굴빛은 발그레 생기있어 보였다.

그의 마음에 변화가 일었다. 그날부터 거울을 볼 때마다 외쳤다.

"나는 자알~ 생겼다!!"

처음엔 부끄럽고 창피스러웠지만 입 밖으로 말을 내뱉고 나니 더욱 외모에 자신감이 붙은 것이다. 이제 그는 학생들 앞에 강의를 하면서 자신의 훈남 외모를 자랑하기까지(?) 한다. 긍정의 말이 씨가 된 것이다. 말이 변하자 그의 행동은 자신있고 당당하게 바뀌었으며 성품도 넉넉하게 변화된 것은 말할 것도 없다.

우리는 각자 자신의 인생을 디자인해 나가는 디자이너다. 디자이너로서 다스려야 할 세가지를 염두해두되 언제나 긍정의 요소를 더해야 한다. 그렇게 된다면 다스리는 일이 조심스러운 것이 아닌 신나는 일이 될 것이다.

당신은
잡초가 아닙니다.

좋아하는 정호승 시인의 책을 샀다. 그의 글은 동화적이면서도 심금을 울리는 스토리가 있어 즐겨 읽곤 하는데 그 중에서도 가슴을 치는 시가 있어 소개하고자 한다.

꽃과 잡초는
구분되는 것이 아니다.
잡초란 인간이 붙인
지극히 이기적인 이름일 뿐이다.
인간의 잣대로 해충과 익충을 구분하는 것처럼
그러나 인간이 뭐라고 하던
제비꽃은 장미꽃을 부러워하지 않는다.
이 세상에 예쁘지 않은 꽃은 없다.

– 정호승 〈이 시를 가슴에 품는다〉 중에서

142
김상욱의 희망만들기

한번은 밭을 가꾸다가 곳곳에 자라난 풀들을 솎아 내느라 땀을 흘렸다. 원래는 여기저기 피어난 민들레 꽃도 보고 심어놓은 명아주도 보려는데 달갑지 않은 손님들이 보였다. 여기 저기 가리지 않고 자란 망초였다. 예부터 망초는 마구 자라며 밭을 망치는 망할놈의 잡초라는 의미로 망초라 불렸다고 한다. 조금 더 거슬러 올라가자면 일제시대 온 천하에 이 망초들이 그렇게 많이 자라나 망할 亡을 붙여 개망초라고도 했단다.

어쨌든 그 망초가 여기 저기 돋아난 것을 물끄러미 바라보는데 그 모습이 과히 나쁘지 않았다. 또 한가지 드는 생각은 왜 이 아이들은 망할 놈의 잡초라는 이름을 갖게 되었으며, 그 이름을 갖게 된 후 얼마나 모진 편견 속에 살아야 했을까였다.

하여 망초에 대해 조금 알아보니 망초가 여러모로 쓸모가 있었다. 약효적으로는 장의 연동 운동을 원활하게 하며 배변 활동을 돕는 기능이 있다. 또 밭에서 자라는 식물이니 그대로 뜯어서 나물로 무쳐 먹어도 좋고 구수한 된장찌개에 넣어 먹어도 좋다는 것이다. 게다가 아기자기하게 삐쭉 내민 꽃은 얼마나 귀여운가.

망초를 보며 생각했다. 모두가 꽃이었다면 망초도 한껏 사랑받고 존재했을 것이다. 우리는 아무 것도 모른체 잣대를 들이민다. 우리는 꽃과 잡초를 구분지을 권리가 없다. 다만, 자기 스스로 잡초가 아니란 사실을 굳게 믿고 그대로 살아나가면 된다. 망초가 자기 주

부록 긍정에너지 바이러스

변에 핀 화려한 장미꽃을 보고 부러워할 때 망초는 존재감이 사라
진다. 장미는 장미대로, 망초는 망초대로 존재의 가치가 있으며 서
로는 다른 것이지 틀린 것이 아닐 뿐이다.

이 세상에 예쁘지 않은 꽃은 없다. 스스로 자신이 아름답다는 사
실을 잊으면 아름다움도 사라지는 법이다. 또한 자신의 잣대로 아
름답지 않다는 판단을 내리면 그순간 서로가 불행해진다.

우리는 모두 잡초가 아니다. 스스로 그렇게 생각해야 하고 스스
로 그렇게 평가해 주어야 한다. 그렇게 될 때 망초는 아름다운 망초
로 빛나고 당신은 스스로 빛나는 당신이 될 수 있다.

김상욱의 희망만들기

나를
감탄하라.

평소에 좋아하는 심리학자 김정운 교수가 TV에 출연했다. 『나는 아내와의 결혼을 후회한다.』의 저자로도 널리 알려진 그는 뛰어난 말솜씨와 재미난 화법, 촌철살인으로 사람들의 심리를 웃고 울리곤 했다.

그 날도 우연히 TV에 나온 그를 보며 이야기에 동화되었다. 그날의 주제는 우리가 왜 사는지에 관한 철학적 이야기였는데 그가 내건 이유는 '감탄' 하기 위해서였다. 그의 이야기를 잠시 빌려오자.

인간이 위대한 이유는 미숙아로 태어나 인간이 되기 때문이다. 포유류 중에서 유일하게 미숙아로 태어나는 인간이 왜 만물을 지배할 수 있었을까. 점점 성숙해가며 완전한 인간으로 거듭나는 진화를 계속 이어가기 때문이다. 어떻게 진화를 할까. 바로 감탄하면서다.

돌이켜보면 어린 아이가 계속 누워 있다가 어느날 갑자기 목을 가누기 시작하면 부모는 난리가 난다. '와~ 이것봐라.' 그러다가

부록 긍정에너지 바이러스

앉고 기기라도 하면 '와! 우리 애가 드디어 앉았어' 라며 몇 번씩 감탄한다. 아이는 점점 그 감탄을 보고 자란다. 그러다 아이가 두 발로 걷고 어느날 웅얼거리며 '엄마' 비슷한 말만 하면 온 집안은 자지러진다.

'이야! 우리 애가 천잰가봐. 어쩜 저렇게 말을 잘하지?'

아이들은 이처럼 감탄을 먹고 자란다. 그렇게 점점 완전한 인간으로 성숙해 가는 것이다. 그는 이렇게 덧붙였다. 우리가 왜 사느냐, 그것은 감탄하고 감탄받기 위해 사는 것이라고.

그의 이야기를 강의를 통해 들으면서 무릎을 쳤다. 사실 이 땅에 문화 예술이 존재하는 이유가 무엇인가. 예술가들이 자신의 예술혼을 불살라 작품으로 자신의 철학을 작품으로 승화하지만 결국 그것을 보는 이들로 하여금 감탄하게 만들려는 것 아닌가. 그만큼 인간은 감탄의 욕구를 가지고 있으며 그것이 채워져야 잘 살아갈 수 있다.

대자연의 장엄한 풍광을 맞닥뜨렸을 때 "우와~" 저절로 감탄을 쏟아내면 감탄 뒤에 오는 희열과 카타르시스는 크다.

한번은 미국을 여행할 기회가 생겨 구석구석을 살펴보았다. 처음 가 보는 미국이란 나라는 큰 땅덩어리와 함께 한국에선 상상치 못할 정도의 웅장한 자연이 선물처럼 다가왔다. 특히 수많은 세계 관광객들의 눈길을 사로잡았다는 나이아가라 폭포의 장엄한 물줄기와 맞닥뜨렸을 땐 숨이 멎는 듯 했다. 한 200미터 떨어진 곳에서부터 들려오던 물소리는 폭포에 다가갈수록 알 수없는 흥분을 제공했고, 저 멀리 하얀 포말과 함께 거침없이 쏟아지던 시원한 물줄기는 시공을 멈추게 만들었다.

"…우….와…아니… 이.. 런"

제대로 말도 나오지 않았던 것 같다. 어쨌든 나이아가라 폭포 뿐 아니라 대자연의 풍광과 마주하는 몇 번의 기회에 나는 감탄의 극치를 경험했던 것 같다. 알 수 없는 희열과 꿈틀거리는 꿈의 욕망에 행복했던 기억이 난다.

감탄은 마음을 움직인다. 자신이 무엇을 보거나 듣고 만질 때 오는 커다란 희열에 마음이 움직인다는 것, 감탄은 사람을 좋은 방향으로 변화시키기 마련이다. 어린 아이가 부모의 감탄을 먹고 자라며 비로서 인간으로 성장하는 것, 예쁜 여자가 뭇남성들의 감탄을 받고 자신있고 당당하게 변하는 것, 아름다운 자연을 보고 감탄한 뒤 자연에 대한 경외심과 세상에 대한 예의가 생겨나는 것 모두 감탄이 가져오는 긍정적 영향 아닐까.

안타깝게도 자꾸만 나이를 들어가면서 감탄하는 일이 사라진다. 심드렁해진다는 말이 딱 맞을 정도로 자신의 마음을 움직일 일이 별로 없다. 세상에서 벌어진 아주 충격적인 사건을 접하고도 '쯧쯧 저런 일이..' 그저 그렇게 넘기기 일쑤고, 좋은 일이 생겨도 심드렁

하다. 어린 시절 그토록 인간이 되고자 애를 쓸 때는 감탄을 먹고 자라던 시절은 까마득히 잊어버린다.

이제 그 감탄을 생활화했으면 좋겠다. 감탄은 자기 자신을 긍정적으로 바꾸는 바이러스이기도 하다.

"우와~" "이야!" "와아아~"

감탄을 하면 우선 이런 말들이 저절로 나오기 마련이다. 행복해서 웃는게 아니라 웃어서 행복하다는 말도 있듯이, 먼저 감탄하면 마음이 움직여진다. 평소에 긍정을 전하는 사람의 하나로서 나 역시 감탄을 자주 하려고 한다. 지역 활동을 많이 하고 있는 나로서는 사실 심각하게 생각하고 짜증낼 일이 많은 것도 사실이다. 그러나 그래봤자 나만 손해라는 생각에 그럴수록 악착같이 감탄해주고 칭찬해주며 살려고 노력한다.

'아.. 저 사람이 저런 생각을 했구나.'

'우와.. 이런 일도 해 놓았네. 참.. 대단하다.'

그랬더니 거짓말처럼 나빴던 기억은 금방 잊혀지고 좋은 감정만 여운을 남긴다.

감탄할 것이 없다고 반론하는 이들에게 말한다. 우린 이미 갓난아이였을 때부터 남들 다 하는 일에 우쭐했고 감탄했으며 그것을 먹고 자란 전적이 있다. 감탄은 대단한 현상을 필요로 하는 것이 아니라 자신이 선택하고 그냥 하면된다. 아무것도 아닌 일에 감탄하고, 탄성을 자아내던 기억을 되살려 행동으로 옮기면 되는 일이다.

　TV에 나오는 가수가 열정을 다해 노래 부르는 모습을 보며 '와!', 축구 경기에서 환상적인 드리블을 보며 '와', 아침에 세수하고 난 뒤 거울에 비친 모습을 보면서 '와!', 끼적거리며 써 놓은 메모 내용을 보고 '와!', 일을 마치고 돌아오면서 조금 피곤에 지쳤지만 해야 할 일을 마쳤다는 뿌듯함을 안고 '와!' 감탄해 보는 거다. 아마 자기 자신에게 감탄할 것은 셀 수 없이 많이 나올 것이다.

　바로 그 감탄이 스스로를 긍정적으로 바꾸어 놓는다. 어떻게든 좋은 면을 찾아 마음 깊은 곳에 우러나오는 긍정의 호르몬을 밖으로 배출시키는 행위가 감탄이기 때문이다. 세상의 일에 찌들어 살면서 우린 감탄을 잊고 산다. 이젠 그 잊어버린 감탄을 끌어내야 한다. 좀 실없다는 소릴 들으면 어떤가. 결국 감탄이 자신을 긍정으로 이끌고, 그 긍정이 좋은 에너지로 전파되는 것을……

날마다 당신에게
일어나는 기적

코를 꼭 잡고 입을 열지 않은 채
얼마쯤 숨을 쉬지 않을 수 있는지 참아보십시오.
30초를 넘기기가 쉽지 않습니다.
숨을 쉬지 않고 참아보면 그제야 비로소
내가 숨 쉬고 있다는 걸 알게 됩니다.

그런데 여러분은 숨을 쉬려고 노력했습니까?
훗날 병원에 입원해서
산소호흡기를 끼고 숨을 쉴 때야 비로소
숨 쉬는 게 참으로 행복했다는 걸 알게 된다면
이미 행복을 놓친 것입니다.

뛰는 맥박을 손가락 끝으로 느껴보십시오.

김상욱의 희망만들기

심장의 박동으로 온몸 구석구석
실핏줄 끝까지 피가 돌고있다는 증거입니다.
그런데도 우리는 날마다
무수히 신비롭게 박동하고 있는 심장을
고마워했습니까?

우리는 날마다 기적을 일구고 있습니다.
심장이 멈추지 않고 숨이 끊기지 않는 기적을
매일매일 일으키고 있는 것입니다.

이제부터는 아침에 눈을 뜨면 벌떡 일어나지 말고
20초 정도만 자신의 가슴에 손을 얹고
읊조리듯 말하십시오.

첫째, 오늘도 살아 있게 해주어 고맙습니다.
둘째, 오늘 하루도 즐겁게 웃으며 건강하게 살겠습니다.
셋째, 오늘 하루 남을 기쁘게 하고 세상에 조금이라도
 보탬이 되겠습니다.

당신은 1년 후에 살아 있을 수 있습니까?

어느날 새벽이었다. 어김없이 5-6시쯤 되어 일어났는데 그날따라 가을로 가는 길목이라 그런지 새벽 바람이 상쾌했다. 창문을 통해 들어오는 가을 바람이 너무 좋아 심호흡을 해 보았다. 천천히 숨을 들이쉬고 내쉬며 새벽의 정기를 받고 있는데 문득 그런 생각이 들었다.

'와~ 내가 이렇게 숨을 쉬고 있구나. 그동안 숨 쉬고 있다는 것을 잊고 있었네.'

그 순간 콧구멍을 통해 산소가 들어가는 것이 그렇게 신기할 수가 없었다. 모든 생명은 호흡에서 시작한다. 생명이 없이는 행복도 평화도 사랑도 존재하지 않듯 생명은 호흡이다. 하루에도 셀 수 없이 많은 들숨과 날숨의 호흡을 하며 1초 1분을 살아가고 있다. 그런데 이 호흡은 의식적인 조절로 되는 것이 아닌 그냥 되는 것이니 얼마나 감사한 일인가. 1년 365일 매순간 숨을 쉬지 않고는 견디지 못하였을텐데 인생 수십년을 살고서야 비로서 호흡의 감사함을 깨달았다니 그동안 어지간히 미련했다는 생각이 들었다.

그 날 새벽 거의 한 시간동안 심호흡을 하면서 나는 호흡이 주는 감사함을 최대한 느꼈다. 그 축복을 잊지 않기 위해서였다.

김홍신 작가의 『인생사용 설명서』에 '날마다 일어나는 기적'의 내용 중에는 사소한 것, 너무 당연하게 생각했던 것에 대한 감사가 표현되어 있다. 그 중에서도 살아있는 것이 기적이란 구절은 가슴을 친다.

살아있는 것을 기적처럼 여기며 살았던 날이 며칠이나 될까? 혹여 불치병을 앓고 있거나 생명이 끊길 위험에 처한 사람들이라면 누구보다 살아있음에 감사할 것이다. 그러나 평범한 이들은 미처 돌아보지 못한다. 오늘은 어제 죽은 이들이 그토록 바라던 내일이었음에도 오늘 하루 살아있음에 감탄하지 못한다.

문득 사소한 것을 돌아보게 되는 때가 있다. 그 때를 우리는 놓치지 말아야 한다. 가을로 가는 어느날 새벽, 들숨과 날숨의 조화로 이루어진 호흡의 감사함을 느꼈던 것처럼 살아있는 것이 기적이란 사실을 종종 깨닫게 되길 바란다. 사람이 이루고 싶은 꿈과 목표, 사랑과 욕망 모두 결국 살아 있다는 전제 하에서 이루어지는 것이 아닌가.

사람의 살아있는 동안 심장은 쉴 새 없이 움직인다. 쉼없이 펌프질을 해서 피를 받아들이고 내보내는 일을 반복하며 쉬지 않는다. 어느날 아침 문득 가슴에 손을 얹었을 때 쿵쾅거리며 뛰는 심장 박

부록 긍정에너지 바이러스

동수에도 감사해야 한다. 심장이 뛰고 있다는 것은 살아 있다는 반
증이기 때문이다. 뜨거운 태양을 보고 눈을 찡그리게 될 때도 감사
해야 한다. 자신의 눈이 환한 빛을 보기 위해 찡그리며 쉼없이 일을
하고 있기 때문이다. 결국 돌아보면 나를 둘러싼 우주의 모든 행위
가 기적이다. 그것을 스스로 느끼고자 할 때, 스스로 느꼈을 때 비로
서 기적의 잔치에 참여하게 된다.

김상욱의 희망만들기

절망을 바꾸는
긍정 바이러스

　요즘 오디션 열풍이 한창이다. TV 어느 채널을 틀어도 여러명의 지원자들이 우르르 나와 심사위원 앞에서 제각각 재능을 펼치고 있다. 그 수많은 지원자들이 어디서 왔을까 싶게 오디션장마다 북새통을 이루며 노래면 노래, 춤이면 춤, 연기에 이르기까지 절박한 심정을 표현한다. 그 모습들을 보고 있자니 대부분 지원자들과 비슷한 또래의 자식을 키우고 있는 아버지로서 대견한 마음과 안쓰런 마음이 공존한다.

　특히나 지금의 오디션 프로그램은 그들의 단편적 재능만 확인하지 않는다. 21세기가 스토리텔링의 시대라서 그런지 지원자들의 사연이 함께 알려지기 때문에 구구절절한 라이프 스토리와 재능 등이 합쳐져 감동과 능력을 함께 보여준다.

　그러던 어느날, 우연히 코리아 갓 탈렌트라는 프로그램을 보게 되었다. 영국의 오디션 프로그램인 브리튼스 갓 탈렌트의 한국판 오디션 프로그램이었던 이곳엔 노래 꽤나 한다는 노래꿈 춤꾼 등 미래의 엔터테이너들이 모여들었다. 아주 어린 친구들부터 노익장을 과시하는 이들까지 다양한 연령층의 오디션이 벌어지는 가운데 유난히 눈에 띄는 청년이 있었다.

지금은 미국 CNN에 소개되고 유투브 동영상을 통해서도 전세계적으로 알려진 최성봉군이었다. 처음 프로그램에 나온 그의 모습은 앳띤 청년이었다. 크지 않은 키에 평범한 외모의 그는 소개되는 나이로 보자니 대학생 정도였다. 긴장하고 쭈볏거리는 모습에 미소가 나오기도 했지만 그 뒤 심사위원과의 이야기를 통해 알게 된 그의 이야기는 충격적이었다. 무슨 일을 하냐는 질문에 '막노동' 이라고 답한 그는 과거사를 담담히 털어 놓았다.

세 살 때 부모로부터 버림을 받고 고아원으로 가게 된 그는 다섯 살 되던 해 집단 구타 등에 시달리다가 견디지 못하고 차가운 세상에 나왔다. 다섯 살, 한창 부모의 사랑과 보호 속에 자라야 할 어린 최성봉 군은 거리를 전전하며 노숙을 시작했다고 한다. 구걸을 하기도 하고 공원이나 공중 화장실 등을 잠자리 삼아 살다가 조금 컸을 때는 껌팔이를 하며 거리에서의 생활을 이어갔다. 학교라는 것은 문전에도 가 보지 못했고 훗날 초등, 중등 검정고시로 공부를 했으며 학교라는 곳은 고등학교가 처음이었다.

그는 어떻게 노래와 만나게 되었을까. 십 수년 동안 거리를 전

김상욱의 희망만들기

전하며, 막노동을 전전하며 살던 그가 어느날 클럽에서 노래하던 성악가를 보았다고 한다. 어수선한 분위기에서도 아름다운 노래를 최선을 다해 부르는 모습에서 큰 위로가 찾아왔다.

'아.. 나도 저렇게 노래 부르고 싶다.'

절망적인 상황에서도 노래에 대한 꿈은 최성봉 군을 빗나가지 않게 잡았다. 한번도 노래를 배운 적이 없고 특히 성악이란 전문적인 분야는 더더욱 몰랐지만 그냥 부딪혀보았다. 어렵게 들어간 대전예고에서도 새벽까지 일을 하며 돈을 벌고 개인 레슨을 할 형편이 되지 못했기에 무료로 하는 마스터 클라스에는 무조건 찾아가 기웃거리며 강의를 들었고, 음반을 사서 듣고 따라 부르는 등 거의 독학으로 노래를 불렀다고 한다.

짧은 시간이었지만 그의 살아온 이야기에 이미 심사위원을 비롯한 방청객, 시청자들은 감동을 받고 있었다.

"저는 지금까지 너무 절망적으로 살았어요. 세상에 저 혼자 있다는 생각 속에 살았지만 노래는 그런 생각을 잊게 해 주었습니다. 성악은 한줄기 희망이었습니다. 그래서 그 고마운 노래를 부르고자 이 자리에 섰습니다."

드디어 반주가 시작되었다. 나 역시 그가 어떤 곡을 부를지 사뭇 기대가 되었다. 아름다운 반주가 흐르고 드디어 최성봉 군의 노래가 들렸다.

'넬라 판타지아~...'

1초도 지나지 않아 객석에선 탄성이 터져 나왔다. 생각지 못했던 청아한 음색과 함께 마음 저 깊은 곳에서부터 나오는 울림이 가득찼기 때문이다. 한번도 성악을 제대로 배우지 못했던 그였지만 이미 그는 노래에 대한 예의를 갖추고 있었다. 저 환상 속에서 정직하고 평화롭게 살아가는 이상향을 노래하는 넬라 판타지아란 노래를 따라 스물 두 살의 청년의 가슴은 심하게 두근거렸다. 노래가 끝나기도 전엔 이미 사람들은 눈물을 흘리고 있다. 나 역시 그 젊은 청년이 겪어야 했을 인생의 고난과 절망, 좌절이 안타까운 동시에 그를 소생시킨 꿈이 너무 고마워 눈물이 났다.

최성봉 군의 노래와 스토리는 삽시간에 전국, 전세계적으로 퍼졌다. 미국 CNN 방송에서는 유투브 동영상으로 올려진 그의 영상을 보고 최성봉 군이야말로 한국의 수잔 보일이라며 칭찬했고, 사람들은 그의 감동적 스토리와 노래를 잊지 못했다.

물론 최성봉 군은 그 오디션 프로에서 1등의 자리엔 오르지 못했지만 그는 이미 1등을 넘어선 인생의 승리를 거두었다. 평생을 두고도 경험할 수 없을지도 모를 세계 네티즌들의 응원의 글을 받았고 그의 재능을 펼칠 수 있는 기회들을 잡았기 때문이다. 과연 이 모든 것이 방송의 영향력이었을까.

나는 그렇게 생각하지 않는다. 방송의 영향은 당연히 있지만 그

김상욱의 희망만들기

청년의 꿈을 향한 아름다운 도전이 없었다면 모두의 공감대를 얻어 내지 못했을 것이다. 우리는 절망이란 어두컴컴한 과거를 뚫고 희망이란 빛을 잡은 이들에게 긍정의 에너지를 느낀다. 최성봉 군은 누구보다 불우하고 절망적이었던 과거의 늪에 빠져 있지 않았다. 노래라는 희망의 꿈을 잡고 긍정적인 인생을 선택했다. 그 용감한 선택에 모두가 박수를 쳐준 것이다.

　절망적인 순간은 누구에게나 언제나 찾아온다. 그러나 그것을 버티지 못하고 주저앉으면 더 이상의 기회는 오지 않을지도 모른다. 최성봉 군은 희망이 찾아올 것 같지 않은 절망적인 순간을 어린 나이에 겪었지만 꿈이라는 긍정 에너지를 붙잡았기에 헤쳐나올 수 있었다. 우리도 마찬가지다. 아무리 힘들고 위기의 순간이 와도 자신을 일어설 수 있게 만드는 꿈을 붙잡아야 한다. 절망과 함께 꿈마저 잃어버리면 안 된다.
　'나에겐 이런 꿈이 있다. 이 꿈이 나를 이끌것이다.'라는 마음을 가질 때, 자신도 모르는 사이 꿈이 자신을 이끌어 가고 있다는 사실을 깨닫게 될 것이다.

부록 긍정에너지 바이러스

역경,
삶의 탄력

1954년 학자들이 카우아이란 섬에 도착했다. 하와의 군도 끝에 위치한 이 작은 섬은 대대로 지독한 가난에 시달렸고 주민들 대다수도 범죄자, 알콜중독자, 정신질환자 등이었다. 학자들은 이 섬에 와서 30년 이상의 연구를 시작했다. 1955년에 태어난 신생아 833명이 엄마 뱃속에 있을 때부터 30세 이상 성인이 될 때까지 삶을 추적한 것이다. 학자들의 수장격인 심리학자 에미 워너 교수는 833명 중에서도 특히 열악한 상황에서 자란 201명을 추려 성장과정을 분석했는데, 예상 외의 결과에 깜짝 놀랐다. 그들이 스스로 '고위험군'이라 불렀던 아이들 중의 3분의 1인 72명이 밝고 건강한 청년으로 성장한 것이다. 애초 대부분 사회부적응자가 되었을 거란 가설이 깨지는 순간이었으나 이내 워너 교수는 그들의 공통된 속성을 발견했다. 그것은 역경을 이겨내는 힘이 있었다는 것이고 교수는 그것을 '회복탄력성'이라 불렀다.

그때부터 알려진 회복탄력성은 심리학에서 매우 중요한 개념이 되고 있다. 특히 요즘과 같이 긍정의 힘이 더욱 필요한 때에는 더욱 그렇다.

회복탄력성은 시련을 딛고 다시 튀어오르는 힘이다. 이 지수가 높은 사람은 원래의 자신의 자리로 돌아올 뿐 아니라 예전보다 더 발전한다. 반면 이 지수가 낮은 사람은 시련이 다가왔을 때 그냥 주저앉는다. 학자들이 말하길 선천적으로 회복탄력성을 지닌 사람은 인구의 3분의 1정도라고 하지만 그들은 훈련을 통해 이 지수를 높일 수 있다고 한다.

역사를 화려하게 장식한 위대한 위인들의 삶을 보면 대부분 위기와 시련을 넘어 위태로운 순간을 경험했다. 누구 한 사람 평탄한 길을 걸어 그 자리에 오르지 않았다. 주변 사람들의 모함을 받아 위기를 경험하기도 하고, 신변의 위협을 받아 죽을 고비를 넘기기도 한다. 뿐만 아니라 스스로 병이 들어, 환경이 받쳐주지 않아 온갖 고난을 겪지만 결론적으로 그들은 돌파구를 찾아 예전보다 더 좋은 결과를 이끌어낸다.

한마디로 그들의 회복탄력성이 높다. 물론 선천적인 이유도 있겠지만 그들은 좌절의 순간 주저앉지 않고 끊임없이 생각을 훈련했던 것을 알 수 있다. '잘 될 것이다.' '우리는 승리할 수 있다.' 이러한 긍정적인 마인드로 뇌를 습관화 시킨 결과 절망을 이겨내고 훌륭한 영웅이 된 것이다.

어느 연구에 따르면 사람을 행복하게 만든 일보다 불행하게 만드는 일의 양도 많고 강도도 더 센 것처럼 느껴지기 때문에 사람들이 쉽게 좌절한다고 한다. 그러나 하나님은 또 공평하게 그것을 이겨낼 수 있는 잠재적 능력을 주셨다. 회복탄력성이 있다는 말이다. 사람에 따라 강도의 차이는 있을 수 있겠지만 긍정의 힘으로 지수를 높이면 된다.

『회복탄력성』의 저자 김주환 교수는 회복탄력성을 높이기 위해서 뇌의 긍정성을 높이는 훈련이 필요하다고 말한다. 그것은 달리 말하면 긍정성의 습관화 작업이다. 입으로 긍정을 말하고 뇌에 습관적으로 긍정을 심어주는 것이다.

외부적으로 오는 행복이나 불행은 일시적인 것에 불과하다. 갑자기 복권에 당첨되어 행복감을 느꼈거나, 논문 심사에서 떨어져 한 학기를 더 다녀야 하는 불행감은 그 당시 행복지수를 떨어뜨리지만 어느정도 시간이 지나면 회복이 된다. 여러 연구를 통해서도 나타났듯이 외부적인 사건에 의해 오는 행복과 불행은 일시적이다. 하지만 진정한 행복을 얻으려면 기본적 수준 자체를 올려야 한다. 긍정적인 정서 훈련을 통해 뇌를 긍정적으로 변화시키면 행복의 기본 수준도 끌어올려지고 이 훈련을 통해 회복탄력성을 지닐 수 있게 된다.

김상욱의 희망만들기

절망에 빠져 있다면 뇌의 긍정성을 향상 시킬 훈련을 해야 한다. '난 잘 할 수 있다.' '나는 반드시 더 나아질 수 있다.' 이런 긍정적 정서를 심어줌으로써 절망을 뛰어넘을 수 있어야 한다. 긍정학의 대가 마틴 샐리그먼 박사가 제시한 긍정훈련의 하나인 '자신의 고유한 강점 실천하기' 도 절망을 긍정으로 바꾸는 방법이 될 수 있다. 절망적인 순간에는 모든 것이 무기력해지고 생각도 무뎌진다. 그러나 그런 때일수록 우리의 뇌는 습관화된 생각에 의해 움직이다.

우리 안에는 절망에서 긍정으로 돌이키는 회복탄력성이 있다. 세계 챔피언 무하마드 알 리가 인종차별 발언으로 벨트를 뺏기고 3년만에 다시 오른 링 위에서 7회까지 프레이저에게 밀리고 있었지만 마지막 8회에서 강펀치로 그를 KO시켜 다시 세계 챔피언에 올랐던 것처럼 누구에게나 회복탄력성을 꿈꿔야 한다. 그가 '나비처럼 날아 벌처럼 쏘겠다' 는 긍정적이고 도전적 생각을 습관화했기에 절망 속에서 회복했듯이, 우리도 절망을 누르고 더 높이 솟아오를 수 있는 탄력이 있다.

'나는 잘 할 수 있다.' '나는 이겨낼 수 있다.' '나는 더 높이 날아오를 수 있다.'

역경은 또다른 의미의 삶의 탄력이 될 수 있다. 역경을 통해 당신의 뇌는 긍정적 생각이 습관화할 것이고 그로 인해 회복탄력지수는 무한히 높아질 것이기 때문이다.

삶의 균형을
잡아주는 등짐

언젠가 인디언들의 삶의 이야기를 들은 적이 있다. 자연을 친구 삼아 살아가는 그들은 자연에서 살아가야 할 방법을 스스로 터득한다. 평야에서 생활하는 그들이지만 먼 길을 떠나며 강을 만날 땐 좀 특이한 방법으로 강을 건넌다는 것이다. 강을 건너기 위해 중간 중간에 돌덩어리를 놓고 그 위를 건너가는 것은 우리와 비슷한 방법이지만 강을 건널때 반드시 등에 꽤 무거운 짐을 지고 간다는 것이다. 왜 그럴까? 물살이 센 강을 건너는 일도 힘들텐데 무거운 짐까지 지고 가려니 그들이 어리석다고 느껴질 수도 있을 것이다.

하지만 그들은 지혜롭다. 등에 짐이 있어야 몸의 균형이 잡히기 때문에 앞으로 쏠리거나 넘어지는 일을 방지할 수 있다는 것이다. 그 이야기를 들으며 인디언들의 지혜에 사뭇 감탄한 적이 있다.

살다보니 등에 져야 할 짐이 많다는 것을 느낀다. 사람들 저마다 등에 크고 작은 짐들을 얹고 산다. 아마 한 사람도 짐이 없는 이들은 없을텐데도 어떤 이들은 자신의 짐이 너무 무겁다며 불평하고 때론 억지로 내려놓으려 한다. 내려놓으면 날아갈 것 같겠지만 현실은 그렇지 않다. 내려놓으면 오히려 앞으로 고꾸라질 수 있다. 하여 적당한 짐이 등에 얹어 있을 때 '아.. 내가 균형을 잘 잡고 있구나.' 생각하게 된다.

예전에 어머니께서 '대문 열고 들어가면 문제 없는 집 없다'는 말씀을 종종 하시곤 하셨다. 누구나 문제를 안고 살기 때문에 그것을 각자 잘 이겨내면 된다는 의미였을 것이다. 그러므로 자신의 등에 얹혀진 등짐을 자신이 교만하지 않으려고 하는 마음의 추라고 여겼으면 좋겠다. 그래야 억지로 벗어던지지 않고 무게에 짓눌려 쓰러지지도 않을테니 말이다. 그런 의미에서 정호승 시인의 '내 등에 짐' 이란 시는 절망적인 상황에서 긍정을 찾는 이들에게 너무도 위로가 되는 글이리라.

내 등에 짐

정호승

내 등에 짐이 없었다면
나는 세상을 바로 살지 못했을 것입니다
내 등에 있는 짐 때문에 늘 조심하면서 바르게

부록 긍정에너지 바이러스

성실하게 살아왔습니다

이제 이제 보니 내 등의 짐은 나를 바르게 살도록 한

귀한 선물이었습니다

내 등에 짐이 없었다면

나는 사랑을 몰랐을 것입니다

내 등에 있는 짐의 무게로 남의 고통을 느꼈고

이를 통해 사랑과 용서도 알았습니다

이제 보니 내 등의 짐은 나에게 사랑을 가르쳐

준 귀한 선물입니다

내 등에 짐이 없었다면

나는 겸손과 소박한 기쁨을 몰랐을 것입니다

내 등의 짐 때문에 나는 늘 나를 낮추고 소박하게

살아왔습니다

이제 보니 내 등의 짐은 나에게 기쁨을 전해 준

귀한 선물이었습니다

물살이 센 냇물을 건널 때는 등에 짐이 있어야

물에 휩쓸리지 않고

화물차가 언덕을 오를 때는 짐을 실어야 헛바퀴가

돌지 않듯이

김상욱의 희망만들기

내 등에 짐이 나를 불의와 안 일의 물결에

휩쓸리지 않게 했으며
삶의 고개 하나 하나를 잘 넘게 하였습니다
내 나라의 짐, 가족의 짐, 직장의 짐, 가난의 짐
몸이 아픈 짐, 슬픈 이별의 짐들이
내 삶을 감당하는 힘이 되어
오늘도 최선의 삶을 살게 합니다

부록 긍정에너지 바이러스

나에게 주는
하프타임

옛말에 넘어진 김에 쉬어가라는 말이 있다. 방송인 김제동 씨가 이 말과 관련하여 넘어진 김에 꽃보고 간다는 말도 썼다. 등산 마니아로 알려진 그였기에 넘어진 김에 꽃보고 간다는 표현을 썼는지도 모르겠다. 여하튼 그 말이 그렇게 정겹고 여유롭게 느껴질 수가 없었다.

흔히 넘어졌다고 표현할 때 사람들은 어떻게하면 빨리 일어설까에 집중한다. 아이를 키우는 엄마도 아장아장 걷는 아이를 보면서 흐뭇해 하지만, 그 아이가 뒤뚱거리며 넘어지기라도 할라치면 '응.. 어서 일어나. 씩씩하게 다시 걸어봐.' 독려한다. 시험을 망치거나 대학 입시에 좋은 결과가 나오지 않았을 때에도 '그래 넘어졌으니 괴롭지? 어서 일어나. 다시 시작해.' 라며 재촉한다.

왜 우리는 넘어진 김에 쉬어가지 못하는 것일까? 인생은 끊임없는 도전의 연속이라 그럴까, 경쟁사회의 폐단일까, 왠지 뒤쳐질 것

김상욱의 희망만들기

같은 생각 때문에 넘어짐과 동시에 일어섬을 배우는 지도 모르겠다.

과일나무들은 해거리라는 것을 한다고 한다. 해거리, 1년 동안 아무것도 하지 않고 나무가 열매 맺는 것을 쉬는 것을 말한다. 병충해를 입은 것도 아니고 토양이 나빠진 것도 아닌데 열매 맺는 것을 쉰다는 것이다. 왜일까? 오직 살아남기 위해서라고 한다. 이 해거리 기간 동안 나무는 모든 신진대사 활동 속도를 늦추며 재충전하는 데에만 신경을 쓴다. 자기 스스로에게 쉼을 주는 것이다. 해거리 이후의 나무는 어떻게 변해있을까. 이전보다 더 풍요로운 열매를 맺고 윤택한 성장을 한다.

어디 나무 뿐이겠는가. 7년마다 토지를 쉬게 하던 안식년 제도에 따라 성직자들도 자기 스스로에게 재충전할 수 있는 기회인 안식년을 갖는다. 뭔가 열심히 일을 하다가 손을 놓고 쉰다는 것이 쉬운 일이 절대 아니다. 더군다나 절망의 상황, 즉 넘어진 상태에서 손을 놓는 것은 더더욱 어려울 것이다. 그러나 그럴 때일수록 휴식이 필요하다. 다른 모든 것을 포기하고라도 얻어야 할 삶의 자양분이 휴식이란 것을 나무의 해거리를 통해 이미 알지 않았는가 말이다.

2002년 한일 월드컵의 뜨거운 열기를 기억할 것이다. 아직도 대~한민국이란 말만 나오면 다섯 번의 박수를 치며 호응하게 만든 힘, 2002년 월드컵이 미친 영향이다. 그 당시 우리나라가 역대 최강 성적인 4강전에 오른 것으로 인해 국민들이 축구에 열광적이었던 것은 아니었다. 홈 그라운드의 장점도 있었지만 열화와 같은 응원을 등에 업고 열심히 뛰어준 우리 선수들의 땀과 열정 때문에 축구 사랑이 더욱 깊어졌을 것이다.

그런데 그 중에서도 2002년 월드컵의 영웅으로 히딩크 감독을 꼽을 수 있다. 그의 뛰어난 용병술과 리더십은 과연 최고라는 평가를 이끌어내기에 부족하지 않았다. 그 전까지 외국 감독들이 대표 팀을 이끌었지만 이렇다할 성적을 내지 못했다. 그런데 히딩크가 부임하고 난 뒤 선수들의 분위기가 달라졌다. 경기를 치를 때면 선수들이 그동안 숨겨왔던 기량을 발휘했으니 무슨 이유가 있었을까.

히딩크 감독의 리더십은 락커룸에서 발휘되었다고 한다. 축구에는 전반전과 후반전 사이에 하프 타임이 존재한다. 너무 오랜 시간 뛴 선수들에게 일종의 휴식 시간을 주는 것이다. 그런데 이 하프 타임이 되면 히딩크 감독이 선수들이 있는 락커룸에 들어와 그토록 칭찬과 격려를 했다는 것이다.

'잘하고 있어. 지금처럼만 하면 돼.'

전반전에 죽을 쑨 선수들이 축 처진 어깨로 락커룸에 들어와도 감독은 부족한 부분을 지적하며 전략 전하기에 급급하기 보다는 충분히 휴식을 취하게 하는 동시에 칭찬과 격려를 이어갔다는 것이다. 팀을 이끄는 수장의 전략은 휴식과 격려였던 것이다.

그러자 놀라운 일이 벌어졌다. 2002년 월드컵에서는 후반전에

김상욱의 희망만들기

우리 선수들이 실력을 발휘하여 역전의 영광을 많이 누렸는데, 이 하프 타임을 잘 보낸 선수들이 파이팅했기 때문이라고 한다. 선수들 스스로 잘 풀리지 않는 상황에 좌절했을 수도 있지만 감독은 격려를 통해 선수들이 휴식 시간을 통해 재충전할 수 있도록 해 주었기에 가능한 일이었다.

스포츠에서만 하프 타임이 중요한 것은 아니다. 인생 굽이굽이 어려운 상황이 다가올 때에도 잠깐의 휴식, 하프 타임이 반드시 필요하다. 인생을 마라톤이라 하는 것처럼 우리의 인생은 길다. 그러니 하루 종일 움직이는 시계 초침도 아니고 감정과 감성이 있는 우리에겐 해거리가 있어야 한다. 넘어진 김에 쉬었다가 꽃도 보고 나무도 보고 콧노래도 흥얼거리는 여유를 스스로에게 주었으면 좋겠다.

해거리를 잘 보낸 나무가 더 풍요로운 열매를 맺는 것처럼, 하프 타임을 잘 보낸 선수들이 더욱 파이팅하여 국민에게 감동을 선물하는 것처럼 절망의 순간에 자신에게 주는 휴식은 생각지도 못한 놀라운 결과를 가져올 수 있다. 넘어졌을 때 자신을 쉬게 하자. 조금 늦어도 괜찮다. 넘어진 김에 자신을 추스르고 다시 일어나 더 멀리 뛰면 된다.

펀(Fun)
마인드 컨트롤

영화 〈인생은 아름다워〉란 영화는 시간이 지나도 감동의 여운이 남는 작품이다. 파시즘이 극악하던 시대 이탈리아, 유쾌한 남자 귀도는 교사인 도라에게 반해 유머와 진심을 다해 청혼하고 사랑스러운 아들 죠수아를 얻는다. 그러나 당시 독일의 유태인 말살정책에 의해 귀도와 죠수아를 수용소로 끌고 가는데 유태인이 아니던 도라는 가족을 따라 수용소로 들어간다. 이제 수용소에서 힘든 나날이 시작되지만 유쾌한 남자 귀도는 아들 죠수아에게 이 모든 것이 게임이라며 안심을 시킨다. 1000점을 먼저 따는 사람이 이기며 진짜 탱크를 선물로 준다며 아들을 안심시킨 아버지는 유태인 학살이란 절망적인 상황에서도 유머를 잃지 않는다.

영화는 시종일관 암울하게 흘러가지만 귀도는 죠수아와 게임을 즐기듯 웃음과 유머로 밝게 만든다. 아버지 귀도는 죽음의 수용소에서 가스실로 끌려가는 마지막 장면에서도 아들에게 웃음을 던진

김상욱의 희망만들기

다. 아들은 아버지를 다시 볼 수 없다는 사실도 알지 못한 채 수용소에서의 모든 일들을 게임으로 여기며 웃음을 짓는다.

이 영화를 보는 관객들은 슬프면서도 웃음을 짓는 특별한 경험을 한다. 누가 봐도 절망적인 상황이지만 그것을 웃음으로 승화하는 이들에게 감동을 받는다. 하여 이 영화가 새드엔딩임에도 아름다운 인생이란 아이러니한 타이틀에 공감한다.

절망을 바꾸는 웃음의 힘은 그만큼 위력이 대단하다. 구소련 반체제 인사였던 샤린스키 역시 9년동안 정치범으로 감옥에 수감되어 있는 동안 절망적인 자신을 버티게 한 힘은 유머라고 밝힐 정도로, 유머는 절망적인 상황에서 더욱 빛을 발한다.

웃음은 사람을 움직이는 힘을 지녔다. 실제로 아이들의 깔깔거리는 웃음 소리를 듣고 있을 때 자신도 모르게 가슴이 따뜻해지는 경험을 누군가 해 봤을 것이다. 그 웃음을 보고 있으면 그 순간만큼은 걱정 근심이 사라지고 따라 웃게 된다. 마음을 움직이기 때문이다.

실제 미국 로마린다 의대 리버크 교수팀은 심리신경면역학 연구학회에서 웃으면 면역기능을 강화된다는 연구 결과를 발표했다. 이들은 폭소 비디오를 보고 난 뒤 혈액을 뽑아 항체를 조사했더니 병균을 막는 항체인 인터패론 감마호르몬의 양이 200배나 늘었다고 했다. 게다가 면역을 억제하는 호르몬은 줄어들게 하는데 이는 곧 웃음이 스트레스를 극복할 힘을 준다는 의미라는 것이다. 리버크 박사는 18년간 웃음의 의학 효과를 연구하면서 결론 내리기를 웃음이야말로 참 의학이라고 했다. 행복해서 웃는 게 아니라 웃기 때문에 행복해진다는 상투적인 말이 더욱 필요한 시점이란 생각이 든다.

오랜 역사를 지닌 한국 사람들은 본래 정취와 풍류를 아는 민족이었다. 선비정신으로 삶의 여유를 즐길 줄 알았으며 웃음을 나눌 줄 알았다. 그런데 사회가 변해가면서, 서양에서 수백년에 걸쳐 산업화에 성공했던 것을 불과 3-40년이란 시간에 성공시키며 본성도 변했다. 앞만 보고 달려가다 보니 삶을 돌아볼 줄 아는 여유도 사라졌고 여유있는 삶을 통해 얻을 수 있던 웃음도 잊혀졌다.

한 조사에 따르면 어린이는 하루 400번을 웃고 어른은 15번 웃는다고 한다. 버클리 대학의 연구팀에서는 각 나라별 국민들이 어느정도나 웃으며 사는지 알아보았는데, 이탈리아 사람들은 하루 19번, 프랑스는 18번, 독일은 여섯 번 웃는다는 결과가 나왔다고 한다. 우리 한국은 어느정도나 되었을까? 한국의 경우 독일과 비슷한 6-7번 이라고 나왔다. 그만큼 우리는 웃음을 많이 잃고 살아간다. 웃을 거리가 이토록 없는 세상에서 그토록 바쁘게 살고 있다는 사실이야말로 절망적인 상황 아니겠는가 말이다.

웃음을 회복했으면 좋겠다. 상황이 좋지 않다고, 위기나 절망에 빠졌다고 해서 인상 찌푸리고 앉아 있다한들 해결책은 나오지 않는

김상욱의 희망만들기

다. 갈수록 높아져가는 우울증의 비율에만 힘을 보탤 뿐이다. 웃음은 꼭 다른 상황으로 인해, 재미난 사람을 통해 얻어지는 것은 아니다. 스스로 찾으면 된다. 스스로 재미있을 만한 일을 찾아 하거나 재미있을 거리를 찾아 웃을 환경을 만들면 된다. 폭소 비디오나 개그 프로그램도 좋다. 하다못해 유치한 유머집도 좋다. 웃을거리를 만들어 자신의 마음을 쉬게 해 주고 여유를 주고 틈을 주었으면 좋겠다. 그래야 마음의 창이 열리며 환기가 될테니 말이다.

예부터 실없이 웃는 사람을 바보라 불렀다. 그러나 요즘들어 그 바보가 얼마나 대단한 위력을 지녔는지 차동엽 신부는 『바보존』이란 책을 통해 새로운 시각을 제시했다. 그 책에 나오는 내용 중에 절망에 빠진 이가 선택한 바보요법에 바로 웃음의 미학이 담겨 있어 소개하고자 한다.

유모 씨는 2000년 간암이 발병된 이후 세 차례의 수술을 받았지만 암세포가 폐와 늑골까지 전이되었다. 결국 수술을 포기하고 방사선 치료를 병행하며 선택한 것이 바보요법이었다는 것이다. 그 요법인즉슨 치료를 받는 동안 항상 웃는 것이다. 시도 때도 없이 크게 웃으니 바보 소리 듣는 건 당연한 일이었는지도 모른다.

그는 바보요법에 충실했다. 약을 먹을 때도 약병에 기도하고 뽀뽀도 했으며 모든 일에 감사하며 웃었다. 노래를 틀어놓고 흥얼거렸고 흥이 나면 개다리춤도 추며 바보처럼 웃었다. 그렇게 실없이 웃기를 5년, 2005년 초 대학병원에 가서 정기검사를 받은 결과 모든 암이 사라졌다는 기적같은 판정을 받았다는 것이다. 게다가 지금까지 건강을 유지하고 있다고 하니 웃으면 복이 온다는 옛말이 하나 틀리지 않은 셈이다. 이제 우리는 Fun 마인드 컨트롤이 필요하다. 가능하면 모든 상황을 웃을 일로 받아들이는 것이다.

조선시대 숙종 임금이 야행을 나갔다가 어느 움막에서 배어 나오는 웃음 소리를 듣고 이유를 물었더니 주인이 '빚도 갚고 저축하며 부자로 살아서 저절로 웃음이 나오네요' 라는 대답을 했다고 한다. 실제로 상황을 알아보니 그들은 아주 가난하고 형편없었다. 그러자 주인장이 다시 대답했다고 한다.

"하하.. 부모님을 봉양하는 것이 곧 빚을 갚는 것이고 제가 늙어 의지할 아이들을 키우니 이게 바로 저축이지요. 이보다 더 부자일 수 있겠습니까? 하하하"

웃고자 하면 모든 것에서 웃을 수 있다. 절망도 웃음으로 충분히 극복할 수 있다.

웃음으로 알아보는 사람들의 성격

웃음으로 사람들의 성격을 어느정도 가늠할 수 있다. 다음은 해피 스마일 연구소에서 올린 웃음으로 알아보는 사람들의 성격에 관한 내용으로 일부를 소개한다. 당신은 어디에 속하는지 알아보자.

활짝 웃는 사람

솔직하고 진실하며 열정적이다. 자발적으로 남을 도와주며 우정도 깊다. 또한 어떤 일을 결정하면 행동에 옮기며 결단력과 신속성이 있기에 신뢰성도 깊다. 그러나 겉으론 매우 강해 보여도 마음이 약한 내유외강형일 가능성이 크다.

배를 움켜쥐고 웃는 사람

대부분 성격이 밝고 애정 넘치며 동정심이 많다. 자신이 할 수 있는 한 남을 도와준다.

유머가 많으며 기쁨을 나누는 것을 좋아한다. 자신의 동료나 친구가 성공할 때도 질투하지 않고 진심으로 축복해준다.

웃음을 멈추지 못하는 사람

자신의 감정을 감추지 않는 사람으로 사람들과의 대화에 거리낌이 없고 자신의 생각을 바로 전하는 시원스러운 스타일이다.

작은 것에 연연하지 않고 도와주는 데에서 기쁨을 찾는다.

눈물을 흘리며 웃는 사람

감정이 풍부한 사람으로 동정심과 애정이 넘친다. 자신의 삶을 사랑하여 자신의 공간을 다양하게 꾸미는 것을 좋아한다. 일이 잘못되어도 좌절하지 않고 자신의 뜻을 끝까지 추진하는 스타일이다.

온몸으로 웃는 사람

솔직하고 진실하게 남을 대한다. 자신을 숨기지 않고 친구가 부족해 보일 때도 망설임없이 지적해 준다. 애정이 넘치지만 너무 넘쳐 다른 이의 감정을 상하게 할 수도 있다.

웃음 소리가 지나치게 큰 사람

자신을 표현하는 것을 좋아하여 떠벌리기 좋아한다. 그러나 실제적으로는 냉정한 성격이며 신중하게 일을 처리하는 편이다.

항상 미소를 짓는 사람

내정적이고 부끄러움이 많지만 이성적인 사람이다. 일할 때 신중하여 객관적인 상황을 관찰하고 결정할 줄 안다. 남에게 자신의 생각을 쉽게 털어놓지 않으며 남에게 친절하다. 로맨틱한 것을 꿈꾸기에 낭만적인 분위기를 만들기 위해 큰 대가를 지불하기도 한다.

이가 보이도록 웃는 사람

전형적 낙천파로 활발하고 명랑한 성격이다. 호기심이 많고 대범하며 개방적이다. 자기 맘대로 생활하는 편이므로 동성과 이성 모두를 똑같이 대해 때론 가벼워보일 수도 있다.

조심스럽게 몰래 웃는 사람

냉정한 사람으로 자기 보호의식이 강하고 생각이 깊다. 치밀한 계획이 없으면 절대 행동하지 않으므로 업무에 능동적이지 못하고 책임을 지지 않으려는 단점이 있다. 보수적 성격으로 부끄럼을 잘 타는 편이며 마음을 드러내는 일을 꺼려한다. 그러나 한번 친구가 되면 어떤 어려움이라도 함께 한다.

가짜 웃음을 구분하는 법

웃음은 눈의 근육을 움직이게 하므로 눈가에 주름이 생기기 마련이다. 거짓 웃음은 근육이 움직인다 해도 주름이 빨리 사라진다. 또한 웃음을 멈추는 타이밍을 포착하지 못하며 얼굴 근육들이 서로 대칭되지 않는다. 게다가 웃음의 시작과 끝이 모두 갑작스럽다.

나는
나무처럼 살고싶다.

우종영씨가 쓴 『나는 나무처럼 살고싶다』라는 책에 보면 이 회양목에 대한 소개가 나오는데, 짤막하고 나무 폭도 한 뼘 정도에 지나지 않는 이 나무는 볼품은 없지만 오랜 시간 속을 다지고 다져 어떤 나무와도 비교할 수 없는 단단함을 지닌다고 한다. 시간이 오래 걸린만큼 조직이 치밀하고 균일해져 어떤 충격에도 뒤틀리지 않는 견고함이 있기 때문에 나중에 도장을 만드는 훌륭한 재료가 된다는 것이다.

키도 작고 볼품없는 나무지만 만일 웬만큼 모양새를 갖춘 회양목을 보았다면 최소한 증조부때부터 뿌리를 내리고 오백년을 버텨온 인내의 역사임을 알아야 할 것이다. 그 오랜 시간 회양목은 모진 비바람과 더딘 성장이라는 아픔을 남몰래 삼켜야 했을지도 모른다. 차라리 다른 나무와 비교할 수도 없는 작은 모습에 그만두고 싶었을 수도 있다. 하지만 그 모든 상황을 묵묵히 견뎌냈기에 찬란한 영

김상욱의 희망만들기

광에 참여할 수 있었을 것이다.

그러고보면 시련은 시간과의 싸움이 아닐까 싶다. 시련이 다가 왔을 때 그것을 견뎌내지 못해 성급히 실패한 일생이라 단정짓는 경우가 많다. 하지만 그 시간을 견디다 보면 그 시련과 절망은 지나간다. 모든 것은 지나간다는 말이 명언인 이유가 있는 것이다.

우리나라 음식이 세계적으로 건강식으로 재평가되는 이유를 보면 발효 과학의 위대함이 있기 때문이다. 발효라는 것이 무엇인가. 한마디로 숙성 시간을 가짐으로써 새롭게 거듭났다는 것 아닌가.

우리네 삶도 마찬가지다. 어려움이 다가오고 뭔가 되는 일이 없이 더디게 느껴지는 절망적인 상황에서 멈추면 안 된다. 그 시간은 회양목이 서서히 자라나는 시간이요 근육이 수축과 이완을 통해 서서히 자리잡는 시간이요 절망이 숙성하여 희망으로 변해가는 순간이다. 그렇기에 절망이라는 숙성 기간을 받아들여야 한다.

'아.. 내가 성장하고 있구나.' '내가 숙성되어가고 있구나.'

이렇게 자신을 격려할 때 상황이 긍정적으로 바뀌고 거듭날 수 있게 된다. 2000년 전 맹자도 절망을 침체기로 본 것이 아니라 숙성 기간으로 보라고 말하지 않았는가. 그러므로 그의 말을 다시금 되새길 필요가 있을 것이다.

'하늘이 장차 그 사람에게 큰 사명을 주려 할 때는 반드시 먼저 그의 마음과 뜻을 흔들어 고통스럽게 하고 그 힘줄과 뼈를 굶주리게 하여 궁핍하게 만들어 그가 하고자 하는 일을 흔들고 어지럽게 하나니 그것은 타고난 작고 못난 성품을 인내로써 담금질하여 하늘의 사명을 능히 감당할 만하도록 그 기국과 역량을 키워주기 위함이다. 작금의 시련과 역경은 나를 단련시켜 크게 사용하려고 하는 것이다.'

무릎꿇은
나무가 되자

    고 장영희 교수는 문학 교수로서 아름다운 글과 학자로서의 본을 보이신 분이셨다. 아주 어렸을 때 소아마비를 앓고 1급 신체 장애인으로 살았던 그녀는 장애를 딛고 영문학 교수라는 기적같은 삶의 여정을 그려왔다. 57세라는 젊은 나이에 천국으로 가기 전 마지막 8년간 암투병을 하면서도 학문의 열정을 뿜어냈다. 특히 그의 유작인 『살아온 기적 살아갈 기적』은 수많은 이들에게 잔잔한 감동과 함께 울림을 주었다. 그의 글 중에는 좌절에 빠진 제자에게 쓴 편지글이 이런 글이 있다.

    '로키산맥 해발 3,000미터 높이에 수목 한계선인 지대가 있다. 이 지대의 나무들은 너무나 매서운 바람 때문에 곧게 자라지 못하고 마치 사람이 무릎을 꿇고 있는 모습을 한 채 서 있단다. 눈보라가 얼마나 심한지 이 나무들은 생존을 위해 그야말로 무릎 꿇고 사는 삶을 배워야 하는 것이지. 그런데 세계적으로 가장 공명이 잘 되는 명품 바이올린은 바로 이 '무릎 꿇은 나무' 로 만든다고 한다.

어쩌면 우리 모두 온갖 매서운 바람과 눈보라 속에서 나름대로 거기에 순응하는 법을 배우며 제 각기의 삶을 연주하고 있는지도 모른다. 때로는 슬픈 선율을, 그리고 또 때로는 기쁘고 행복한 선율을…. 너는 이제 곧 네 몫의 행복으로 더욱더 아름다운 선율을 연주할 연습을 하고 있다고, 그러니까 조금만 더 힘내라고--이것이 아까 네 뒷모습에 대고 내가 하고 싶었던 말이다. 사랑한다.'

그녀 역시 암이라는 절망과 싸우며 어려운 시간을 보냈다. 아니 평생 장애인이라는 굴레 속에 살았지만 절망에 주저앉지 않았다. 아버지의 뒤를 이어 영문학도로서 강단에 서기까지 스스로 뼈를 깎는 아픔의 시간들을 감내하며 겸손함을 갖췄다. 매서운 바람과 눈보라 속에서 살았지만 그 안에서 무릎꿇은 나무가 되어 자신만의 선율을 연주했던 것이다. 결국 인생이란 거대한 산 앞에 겸손히 무릎꿇은 자가 되어 세상에서 하나 밖에 없는 명품 바이올린으로의 삶을 보여주었다.

절망은 시시때때로 자신 앞에 무릎을 꿇기를 권한다. 그러나 우리는 자신 앞에 펼쳐질 미래를 기대하며 예의를 갖춰야 한다. 삶에 대한 예의, 삶에 대한 겸손의 무릎을 꿇어야 할 뿐이다.

장영희 교수와 함께 또 한분의 이야기를 전하고 싶다. 서울대학병원 신경과 전범석 교수의 이야기이다. 신경과 의사로 환자들을

김상욱의 희망만들기

살피던 전 교수는 어느날 갑자기 사지가 마비되는 일을 겪었다. 평소 주말처럼 점심을 한 뒤 고등학교 후배와 함께 남한산성을 올랐는데 정상에 올라서는 순간 원인을 알 수 없는 졸도로 쓰러졌고 그 뒤 팔다리를 움직일 수 없는 마비 상태에 빠졌다. 국내 최고의 신경과 전문의가 자신의 전공 분야인 신경마비 증세로 병상에 눕게 된 것이다. 태아의 뇌세포를 파킨슨 환자의 뇌에 이식하는 수술을 성공하고 10개 이상의 기관에서 연구비를 지원받던 그였건만 아무것도 할 수 없는 처지가 된 것이다.

한꺼번에 몰아닥친 거센 비바람에 꼼짝없이 무릎을 꿇은 전 교수는 현실을 받아들이기 시작했다. 사고 직후 의식이 돌아온 뒤부터 그는 자신의 상태를 냉철하게 진단하며 적응해 나갔다. 자신이 맡은 환자들 중에 많은 경우 현실을 받아들이지 못해 절망에서 헤어나오지 못하는 것을 봐왔던 그였기에 그는 정신력으로 버텼다. 현재의 시간이 더 나은 연주를 하기 위해 워밍업하는 과정이라 여긴 것이다. 병원에 와서 터진 디스크를 제거하고 위 아래 척추를 고정하는 수술을 받은 후 3일만에 물리치료와 재활운동을 시작했다. 오른쪽 발가락만 까닥할 수 있을 뿐이었지만 죽어라 버티고 노력했다. 그가 그토록 재활치료에 전념할 수 있었던 것은 자신의 처지를 비관하지 않고 살아있는 자체를 기적으로 여기며 현실을 받아들였기 때문이다.

그 후 그의 삶이 어떻게 변화되었을까. 그는 세계 명품 바이올린으로 거듭났다. 사고 9개월만에 기적적으로 일상으로 돌아온 것이다. 자기 스스로 치료의 본이 되어 환자들을 만날 수 있었고 실내 자전거를 이용해 운동도 하며 사고 전처럼 진료도 할 수 있게 되었다. 50여편의 논문을 발표하는 등 연구 활동도 왕성하게 이어갔다. 전범석 교수는 병을 완전히 이겨내고 서울대의대 신경과학교실 주임교수이자 서울대병원 신경과 진료과장이란 자리에 오르게 되었다. 남들은 인간승리라 하지만 그는 자신과의 싸움에서 승리한 것이라 회고했다고 한다.

그의 이처럼 아름다운 삶의 전적의 원인은 무엇이었을까. 절망 앞에 무릎꿇은 나무가 되었지만 현실을 받아들이고 긍정의 노력을 이어갔기 때문에 명품이 될 수 있었을 것이다.

절망은 사람들을 무릎꿇게 만든다. 그러나 거기서 끝나선 안 된다. 무릎꿇은 나무가 매서운 비바람에도 결코 부러지지 않았던 것처럼, 현실을 받아들이며 자기와의 싸움을 긍정적으로 이어가야만 한다. 무릎을 꿇을 지언정 부러지지 않겠다는 굳은 의지를 가질 때 삶에 대한 겸손함과 의지를 회복할 수 있다. 절망을 바꾸는 긍정의 에너지는 바로 그러한 의지와 결심, 겸손에서 나온다.

365일 빛나는 긍정 법칙 '하면 되고'
부족하면 채우면 되고, 넘치면 덜어내면 되고 ....

신앙적인 면을 떠나 개인적으로 법정 스님의 자족의 철학을 존경하는 나로서는 그의 책을 자주 읽는 편이다. 한번은 그의 책에 나온 이 구절이 나를 잡아 끌었다.

'빗방울이 연잎에 고이면 연잎은 한동안 물방울의 유동으로 일렁이다가

어느만큼 고이면 수정처럼 투명한 물을 미련없이 쏟아 버린다. 그 물이 아래 연잎에 떨어지면 거기에서 또 일렁거리다가 도르르 연못으로 비워 버린다.

이런 광경을 무심히 지켜보면서 연잎은 자신이 감당할 만한 무게만을 싣고 있다가 그 이상이 되면 비워 버리는구나 하고 그 지혜에 감탄했었다. 그렇지 않고 욕심대로 받아 드리면 마침내 잎이 찢기거나 줄기가 꺽이고 말 것이다

부록 긍정에너지 바이러스

세상 사는 이치도 이와 마찬가지다.'

성경 말씀에도 이런 구절이 나온다. 하나님께선 사람에게 감당할 만큼의 시험을 주시며, 또 그 시험을 당할 즈음 피할 길을 주신다는 내용이다. 두 종교의 추구하는 바가 결국 묘하게 맞아떨어지는 것 같아 신기할 따름이다.

작가 최인호가 쓴 상도에 보면 계영배라는 술잔이 등장한다. 의주에 사는 거상 임상옥이 항상 곁에 두고 자신의 과욕을 다스렸다는 신비의 술잔이다. 이 술잔이 실제로 존재하는지는 모르지만, 어쨌든 이 잔에 술이 70%를 넘으면 모두 저절로 사라져 버린다. 임상옥이 잠시 와신상담할 때 그를 관찰하시던 스님께서 그에게 가르쳐 준 3가지 교훈 중 마지막으로 계영배를 전해주시며 財上平如水人中直衡(재상평여수인중직형) 즉 재물은 평등하기가 물과같고 사람은 바르기가 저울과 같다는 말을 전했다.

계영배는 조금 부족함에서 자족의 미학을 찾으라는 교훈이 아니었을까. 사람이라면 누구나 갖게 되는 과욕을 제어할 수 있어야 존재할 수 있다는.

사람에겐 짊어질 수 있는 짐의 양이 있다. 그런데 욕심이 과하다 보면 능력보다 더 많은 양을 담으려고 한다. 더 많이 가지려고 하고 더 많이 누리려고 하는 인간의 본능이 성장의 발목을 잡는 것을 너무도 많이 보았다.

반면 부족한 것을 당연하게 생각하는 경우도 있다. 부족함이 마치 자족의 미학인 것처럼 생각한 나머지 채우려는 노력조차 하지 않는 경우도 있다. 그러나 계영배가 말하는 30% 부족함은 과하지 말라는 의미이며 꽉 채우는 일을 조심하라는 의미일 것이다.

어떤 사람은 자신이 부족하게 살아가는 것을 운명처럼 받아들이곤 한다. 가난을 천직처럼 살아간다거나 무지를 당연히 여기는. 그것은 부족함에서 오는 여유가 아니라 부족함을 핑계삼아 발전하지 않으려는 무기력이다.

살다보면 부족하거나 넘치는 경우를 많이 경험하게 된다. 그때마다 연잎에서 배웠던 세상의 이치를 떠올렸으면 좋겠다. 감당할 만큼 물을 품었다가 더 이상 버틸 힘이 없으면 미련없이 비워 버리는 쿨(Cool)함을 가졌으면 좋겠다. 여기에 365일 긍정할 수 있는 법칙이 숨어 있다. 자신이 너무 많은 것을 품고 있다고 생각하면 미련없이 비워 버리면 된다. 너무 부족하게 품고 있다고 생각하면 아낌없이 채우면 된다.

얼마나 긍정적인 철학인가. 부족하면 채우면 되고, 넘치면 덜어내면 되니 우리는 더 이상 고민할 것도 없다. 그저 자기 자신과 끝없이 만나며 자신을 체크하기만 하면 된다.

부록 긍정에너지 바이러스

가슴 밑에
달린 발

날마다 성인한테 기도하는 사람이 있었다. 그는 교회 앞에 세워진 성인 조각상 앞에서 늘 두 손을 가지런히 모아 빌었다.

"제발 제발 제발 일등 복권 당첨이 되게 하소서."

어찌나 간절히 기도하는지 그 내용을 모르는 사람들은 혀를 차며 그를 걱정했다. 그 사람은 매일 조각상 앞에 서서 기도를 이어갔다.

그러던 어느날, 간절한 기도 덕분일까 조각상의 성인이 그 앞에 짠하고 나타나셨다. 그리곤 이어지는 그 분의 말.

"애야, 제발 제발 제~발 복권을 사라"

모든 일은 말과 함께 실천이 되어야 한다. 로마 속담에 생각을 잘하는 것은 현명하고 계획을 잘하는 것은 더 현명하고 실행을 잘하는 것은 가장 현명하다는 내용이 있다. 사랑의 기술의 저자 에리히 프롬도 말했다. 어떤 사람이 꽃을 사랑한다고 해 놓고 꽃에 물 주는 것을 잊었다면, 그가 꽃을 사랑한다고 믿지 않을 것이라고. 사랑에도 실천이 따라야 한다. 과거에는 아는 것이 힘이라는 금언에 의지했다. 그만큼 정보가 부족한 시대에 살았기에 아는 것이 경쟁력이 되었을 것이다. 하지만 지금은 어떤가. 하루에도 수많은 정보가 인터넷 세상에 넘쳐난다. 많이 알고 있는 것은 그리 큰 경쟁력이 되지 않았다.

그렇다면 무엇이 힘이 될까? 하는 것이 관건인 시대다. 사실 실행에 옮기는 것이 중요하다는 것은 삼척동자도 알았던 사실이다. 예부터 구슬이 서 말이라도 꿰어야 보배라는 말을 왜 했겠는가. 그만큼 실천하는 일이 쉽지 않기에 나온 말일 것이다.

일찍이 맹자는 유학의 덕목인 인의예지(仁義禮智) 정신을 사람의 마음에서 찾았다.

'측은해하는 마음(측은지심)이 없으면 사람이 아니고, 부끄러워하고 미워하는 마음 (수오지심)이 없으면 사람이 아니며, 사양하는 마음(사양지심)이 없으면 사람이 아니고 시비를 가리는 마음(시비지심)이 없으면 사람이 아니다. 측은지심은 인의 단서이고 수오지심은 의의 단서이며 사양지심은 예의 단서가 되고 시비지심은 지의 단서가 된다.'

그런데 이러한 유학의 덕목에 다산 정약용 선생은 인의예지 정신 역시 실천 이후에 성립된다는 것을 일찍이 밝힌 바 있다. 『맹자요의』란 그의 저서에 보면 이런 내용이 나온다.

'어린애가 우물에 들어가려 할 때 측은지심이 생겨도 가서 구해주지 않는다면 그 마음의 근원만을 캐들어가서 인이라 할 수 없다. 밥 한그릇을 성내거나 발로 차 줄 때 수오지심이 생겨도 그것을 버리지 않고 캐들어가면 의라 할 수 없다. 큰 손님이 문에 이르렀을 때 공경지심이 생겨도 맞이하여 절을 하지 않으면 그 마음의 근원만을 캐들어가 예라 할 수 없다. 선한 사람이 무고를 당했을 때 시비지심이 생겨도 분명하게 분별해주지 않는다면 그 마음의 근원만을 캐들어가서 지라 말할 수 없다.'

정약용 선생 시대에 이르러 학문은 실천의 윤리학으로 진화되었다. 그가 쓴 글을 통해서 알 수 있듯이 아무리 좋은 학문과 지식이라도 실천이 따라주지 않으면 소용없음을 알려준 것이다.

사람들은 계획은 그래도 잘 세운다. 해가 바뀌면 누구나 한번쯤 연례행사처럼 1년 계획을 세우지 않는가. 그럴싸한 계획들이 쏟아져 나온다. 올해는 어떤 것을 꼭 하겠다거나 자격증 따기, 운동하기 등등 자기 자신이 꼭 해야 할 일을 잘 알고 있기에 멋진 계획안을 내놓는다. 그런데 이 계획이 삼일천하로 끝나지 않으려면 반드시 행동으로 옮겨져야 한다. 운동을 하기로 했으면 체육센터나 휘트니스 클럽, 하다못해 자전거 카드를 만들어서라도 운동을 실천해야 한다. 해야지 해야지 입버릇처럼 되뇌이다가 결국 1년 뒤 다시 연중계획에 운동하기가 들어가는 것이다. 열정적인 삶을 살기 원한다면 머

김상욱의 **희망만들기**

리와 가슴 발이 함께 움직여야 한다. 머리 속으로는 이성적으로 생각하고 가슴으로는 느끼고 있어도 정작 실천해야 할 발이 저 멀리 떨어져 있다면 공염불에 불과하다. 중요한 건 아주 작은 일이라도 실천에 옮기는 것이다. 머리 속으로만 복잡하면 발은 한가하기 마련이다. 그러나 발이 부지런하면 머리 가슴도 함께 뜨겁게 움직인다. 머리가 복잡할 땐 몸을 부지런히 움직이란 옛말이 괜히 나온 말이 아니다. 복권에 꼭 당첨되기를 간절히 기도하면서도 정작 복권을 사지 않는다면 소용없는 시간낭비만 한 셈이다. 학원을 끊지도 않을 거면서 꼭 자격증을 따겠다고 하는 건 자신의 의지를 모욕하는 행위다.

어떤 제자가 스승을 찾아갔다.

"스승님의 가르침대로 3년간 열심히 노력했으나 저는 아직 성공하지 못했습니다. 이대로 가다가는 몇 년이 더 지나도 별볼일이 없어 보입니다. 너무 불안하고 답답합니다."

그러자 스승이 말했다.

"네가 어떻게 생각하든 네가 생각하는대로 될 것이다. 그것이 마음의 법칙이다. 그래, 네가 그동안 어떻게 했는지 말해 보아라."

"저는 하루도 빠지지 않고 매일 새벽 4시에 일어났습니다."

"일찍 일어나는 것이 중요한 것이 아니라 일어나서 무엇을 하는가가 중요하다."

"일어나서 아침을 먹을 때까지 매일 두시간씩 책을 읽었습니다.

부록 긍정에너지 바이러스

그리고 운동을 한 시간씩 했습니다."

"책 읽는 것이 중요하지만 더 중요한 것은 어떤 책을 어떻게 읽느냐다. 그리고 세상에서 소중한 것 중에 노력하지 않고 저절로 되는 것은 없다. 운동은 우리들이 살아가는데 가장 중요한 건강을 지켜주는 가장 좋은 방법이다."

제자는 스승의 칭찬을 받았지만 아직 해결책을 찾지 못한 것 같아 답답했다.

"스승인, 그래도 아무것도 달라진 게 없습니다. 세상에는 수없이 많은 책들이 있고 그 책을 읽는 사람도 많은데 왜 다 성공하지 못하는 것입니까? 저는 왜 성공을 못합니까?"

그 말에 스승이 이런 대답을 해 주었다.

"너무 조급하게 생각하지 마라, 백 리를 가려는 사람은 구십 리를 가야 반쯤 왔다고 생각하는 법이다. 그리고 책을 읽되 아는 것이 중요한 것이 아니라 아는 것을 어딘가에 적용하여 행동으로 옮기는 것이 더 중요하다. 행동으로 옮기기 전까지는 아는 것이라고 할 수 없다. 세상에 성공한 사람이 많지 않은 것도 아는 것을 실천하는 사람이 적기 때문이다. 그래, 너는 알고 있는만큼 얼마나 실천했느냐?"

"…"

아는 것의 시대는 지났다. 하는 것의 시대가 왔다. 생각하고 느끼는 바를 행동에 옮기고 실천해야 열정과 성공도 다가온다.

잘하는 것에 집중하자.

동물들 세계에서 전쟁이 일어났다. 호랑이가 대장이 되어 군대를 인솔하게 되었는데 여기저기 동료 동물에 대한 불평과 불만이 쏟아졌다.

"당나귀는 멍청해서 군인으로 부적절합니다."

"토끼는 겁쟁이니 필요없습니다."

"개미는 너무 작고 힘도 없습니다."

"코끼리는 또 어떻구요. 너무 덩치가 커서 적들에게 금방 노출됩니다."

그때 호랑이가 불만을 저지하고 외쳤다.

"당나귀는 길쭉한 입을 가졌으니 나팔수로 쓸 것이다. 토끼는 발이 빠르니 전령으로 쓸 것이고 개미는 너무 작아 눈에 안 띄니 게릴라로 활동하게 될 것이며, 코끼리는 힘이 세니 군수물자를 조달할 것이다."

최규상의 유머편지에서 이 글을 읽고 나도 모르게 무릎을 치며 '그렇지' 외쳤던 기억이 난다. 과연 동물의 왕 호랑이라고 하더니 그의 지혜도 참으로 탄성을 자아낸다. 동료들은 각각의 동물들의 부족한 점, 모자란 점을 보았지만 호랑이는 단점 뒤에 숨어있던 강점을 발견해 적재적소에 배치했다.

동료들로부터 배척을 받았던 당나귀나 토끼 개미 코끼리는 어떻게 변했을까. 모르긴 해도 그들은 각자가 지닌 강점을 새롭게 깨달아 신바람나게 전쟁에 임했을 것이다. 너무도 훌륭한 게릴라 요원으로, 나팔수로, 전령으로 군수물자 조달자로 말이다.

누구나 재능을 가지고 태어난다고 한다. 재능은 다르게 말하자면 강점이다. 다른 사람들과 비교했을 때 선천적으로 우월한 면이 강점이다. 누구나 좋은 점만 가지고 태어날 수 없으니 강점과 함께 약점도 있다. 그런데 대부분의 사람들이 자신의 강점을 말해보라고 하면 우물쭈물한다. 겸손한 태도 때문일 수도 있지만 그것보다는 실제로 잘 못 찾는 경우가 많다. 반면 단점을 물을 땐 말 꺼내기 무섭게 줄줄 읊는다. 스스로 생각하기에 그토록 단점이 많은데 어떻게 성공적인 삶을 꿈꿀 수 있겠는가.

롱 게임과 퍼팅기술이 뛰어났던 타이거 우즈 역시 자신이 잘하는 것에 집중했기 때문에 골프의 황제라는 명칭을 들을 수 있었다.

세계적인 부자 워렌 버핏 역시 잘하는 것에 집중했기에 부를 축

김상욱의 희망만들기

적할 수 있었다. 그는 마이크로 소프트사의 빌 게이츠와 친분이 두 텁다고 한다. 사람들은 그가 빌의 회사에 투자했을 거라고 생각했지만 사실과 달랐다. 이유가 명백했다고 한다. 버핏은 인터넷 또는 IT 산업이 어떻게 발전할른지 가능성과 전망을 이해할 수 없다. 싫어했다는 것이 아니라 도무지 자기 스스로 예측할 수 없다는 판단이 섰기 때문이다. 그가 투자해서 성공을 거둔 분야는 전통 산업 분야였는데 그 분야에 있어 가능성과 앞으로 전망을 내다보는 강점이 있었다. 그러한 강점을 이용해 제대로 활용했기 때문에 그의 투자 신화는 계속될 수 있었다.

세계적인 여성들의 멘토로 떠오른 오프라 윈프리 역시 자신의 강점에 집중하여 성공한 인물이다. 그녀는 다른 사람들로 하여금 자신의 이야기에 귀를 기울이게 하는 강점이 있다는 것을 알았다. 실제 사람들이 그녀와 이야기를 하면 가슴 속 깊은 곳 이야기까지 털어놓고 눈물을 흘리며 카타르시스를 느꼈다. 그녀를 세계적 인물로 끌어올린 오프리 윈프리 쇼는 처음엔 많은 반대가 있었다. 그런 밋밋한 쇼를 누가 보겠냐며 방송가의 우려와 반대가 있었지만 그녀는 자신의 강점을 살린 토크쇼에 대한 확신이 있었고 투쟁을 통해 얻어냈다. 그 결과 그녀의 쇼에 나오는 이들은 그녀와 함께 더욱 스타가 되었고 전세계의 시청자들은 오프라 윈프리의 강점을 통해 출연자들과 공감하며 TV를 통해 카타르시스를 느낄 수 있었다.

부록 긍정에너지 바이러스

경제학의 대가인 피터 드러커 교수의 말처럼 성과는 약점 보완보다는 장점을 강화하는 데에서 산출되기 마련이다. 우리에겐 남보다 잘 할 수 있는 특정 분야의 강점이 분명히 있다. 필요한 모든 것을 갖출 수 없지만 그것보다 강점 강화에 더 많은 지원을 투자할 때 효과가 나타난다.

지금은 선택과 집중의 시대다. 잘할 수 있는 것을 선택해서 그것에 집중해야 한다. 외국 속담 중에 '돼지에게 노래 부르는 것을 가르치려고 하지마라. 그건 시간 낭비일 뿐 아니라 돼지에게도 괴로운 일이다' 라는 것이 있다. 괜히 안 되는 일, 부단한 노력을 해도 될까말까한 것을 선택하는 것은 긍정 엔돌핀이 솟는 일이 아니란 의미다. 다시 말해 우리는 잘할 수 있는 일, 조금 더 노력하면 최고의 성과를 거둘 수 있는 일을 선택하고 집중할 때 성공과 더 빨리 만날 수 있다.

노력
또 노력하자.

어느 TV 광고에 나왔던 장면 같다. 아주 기형학적으로 생긴 발과 두툼하면서도 상처 투성이인 손이 오버랩되며 보여졌다. 보기에도 저절로 눈살이 찌푸려지는 손과 발이었지만 조금 주의를 기울였더니 왠지모를 고생의 흔적이 역력했다.

잠시후 그 손과 발의 주인공이 화면 가득 나왔을 때 사람들은 '아~' 하는 탄성을 내뱉었다. 거칠어진 발 뒤틀어진 발의 주인공은 세계적인 축구선수 박지성의 것이었고 다 터져버린 손의 주인공은 세계를 든 여성 장미란 선수의 것이었다. 우리는 알 수 없는 그간의 노력들이 온 몸에서 표출되고 있는 것 같아 왠지 모를 눈물이 핑 돌았다.

네티즌들 사이에서 발레리나 강수진씨의 발이 화제가 되었던 적이 있었다. 1985년 동양이 최초로 스위스 로잔 발레 콩쿠르 그랑프리, 최연소로 슈투트가르트 발레단에 입단한 뒤 수석 무용수 최고 여성 무용수 선정, 독일 궁정무용가 칭호 수여 등 그녀의 천재성은 세계에서 인정한다. 그녀에겐 강철나비란 별명이 붙었다. 왜 그럴까, 무대 위에서는 날개를 펼치며 아름다운 몸짓을 하는 나비지만 무대 뒤 그녀는 강철같이 노력하는 연습벌레이기 때문이다. 하루에 10시간 연습하는 날이 허다하고 때론 19시간씩 연습할 때도 있다. 눈 뜨고 일어나 잠자는 시간 빼고 연습을 한다는 말이다. 헤어져서 못 신는 토슈즈도 한 시즌에 150켤레 1년이면 1000켤레나 된다고 하니 연습량을 가늠하는 일이 미안할 정도다. 그러니 발가락마다 굳은 살이 험하게 박힌 흉측한 발이 될 수 밖에.

천재라 평가받는 그녀지만 연습을 소홀히 하는 법이 없다.

"아침에 눈 뜨면 어딘가가 아파요. 아픈 것도 무용수 삶의 일부분이거든요. 그런데 어떤 날은 아무데도 안 아파요. 그러면 걱정이 됩니다. 어제 연습을 게을리한 건 아닌가 하구요. 나중에 무덤가서 쉴테니 지금은 쉬고 싶지 않아요. 사람들은 대부분 최선을 다하지 않는 것 같아요. 80퍼센트 노력하고 나머지 20퍼센트는 자신과 타협하지만 전 타협하지 않아요. 20퍼센트도 연습으로 채웁니다. 그래서 제 발이 좀 고생이지만 앞으로도 크게 달라지진 않을 거에요."

저절로 고개가 숙여지는 태도란 생각이 든다. 우리가 흔히 성공했다고 생각하는 이들을 보며 그들의 천재적 재능과 그들의 환경을 부러워한다. 그리고 맘대로 생각한다. 그들은 워낙 좋은 밭을 타고

났으니까, 별다른 노력하지 않아도 그들은 잘 될거야 등. 그러나 에디슨도 말했듯이 천재는 1%의 영감과 99%의 노력으로 이루어진다. 그만큼 노력을 기울여야 열매를 맺을 수 있다.

　노력이 천재를 이길까 천재가 노력하는 자를 이길까 어떤 사람들은 어떻게 보면 쓸모없는 토론에 정신을 빼앗기곤 한다. 노력하는 자가 먼저냐 천재가 먼저냐는 그리 중요한 일이 아니다. 자신이 가진 재능이 크고 적고를 떠나 타협하지 않고 끝까지 노력할 수 있느냐에 집중했으면 한다. 세계 유수의 역사를 보더라도 역사를 바꾸고 주도했던 자들은 노력했던 자들이었기 때문이다. 가진 것에 연연하기 보다 가진 것을 바탕으로 노력하는 것이 중요하다.

　발명왕이라 불리던 에디슨은 어렸을 땐 선생님께 쫓겨날 정도로 둔재 소리를 들었지만 자신이 잘하는 발명에 집중하고 그 분야에서 노력 또 노력을 함으로 1093건의 특허권을 따냈다. 음악의 천재라 불리던 모차르트는 어떤가. 35년이란 짧은 생애를 살면서 그는 천재적인 음악 솜씨를 뽐내는 데 그치지 않고 600편이란 많은 곡을 작곡하여 세상을 아름답게 변화시켰다. 상대성 원리의 창시자 아인슈타인 역시 50년 동안 248건의 논문을 발표할 정도로 끊임없는 노력을 기울였다. 우리가 천재라 부르는 사람들은 보통 사람들 보다 5배는 더 노력했다는 것이다. 아마도 그들이 천재가 된 것은 보통 사람들보다 노력하는 유전자가 더 발달했기 때문은 아니었을까 그런 생

부록 긍정에너지 바이러스

각도 든다.

어쨌든 열정적인 삶을 살아가기 위해서는 우리 스스로가 노력해야 한다. 정주영 회장도 현대를 시작하고 난 뒤 불도저 정신으로 회사를 이끌면서 여러 가지 난관에 부딪혔다고 한다. 자본적으로, 환경적으로도 받혀주지 않아 추진하던 사업을 포기하고 싶은 마음도 있었는데 사무실에 들끓던 빈대를 보고 마음을 고쳐 먹었다고 한다.

그 당시 빈대가 들끓던 사무실에서 자고 있던 그에게 빈대는 불청객이었다. 내쫓으면 다시 들어오고 약 뿌려도 다시 나타나 빌붙는 그야말로 빈대였다. 그러던 어느날 빈대를 쫓기 위해 침대 네 다리를 물에 담궈 놓았다. 이젠 침대 다리를 타고 올라오지 않겠거니 안심하였는데, 글쎄 이 빈대들이 사무실 천장 위로 모두 기어가더니 천장에서 침대로 뚝 떨어지더란 것이다. 그 모습을 지켜보던 정 회장이 무릎을 치며 '빈대도 이렇게 노력하는데 나라고 못할 것이 무엇인가' 심기일전하여 사업에 투신했다는 이야기가 있다.

하다못해 빈대도 빈대붙기 위해 노력에 노력을 거듭한다. 하물며 만물의 영장인 우리가 못할 것이 무엇인가 말이다. 소크라테스가 말했듯 지금 바로 당신 곁에 있는 일이 가장 소중한 만큼 그 일에 최선의 노력을 기울여야 한다. 그냥 노력이 아니라 발레리나 강수진씨가 무대 위의 나비를 벗고 무대 뒤 강철로 변신하는 것처럼 철

김상욱의 희망만들기

저한 노력이 필요하다. 연습 앞에는 장사가 없다는 말처럼 노력은 열정적인 삶 성공적인 삶으로 가는 급행열차다.

인생은 순간 순간이 모여서 만들어지는 개인의 역사다. 순간이 잘 조각되지 않는다면 결국전체적인 형태가 무너지기 마련이다. 우리 앞엔 365개의 피스가 있다. 이 조각들이 모여 1년이란 삶을 이루어내는데 그 한조각의 피스를 잘 맞추기 위해서 수없이 많은 순간들이 씨실과 날실처럼 잘 어우러져야 할 것이다.

세상엔 살인이란 말도 있지만 살시, 즉 시간을 죽이는 일도 있다. 살인만이 큰 범죄가 아니다. 시간을 죽이는 살시는 자기 자신에 대한 대역죄다. 우리는 이 양심을 외면해선 안 된다. 1초 1초가 자신을 만들어간다. 그러므로 그 순간에 충실해야 한다. 게으름이나 나태함 등에 시간을 도둑맞지 않기를 바란다.

오늘이라는 날은 두 번 다시 오지 않는다고 단테는 말했다. 시간의 참된 가치를 알고 그것을 붙잡아 억류하라고 말했던 체스터 필드의 말도 기억하길 바란다. 지금 당신이 지나가고 있는 순간 역시 다시 오지 않는다. 순간에 충실할 때, 1초의 위대함을 뼈저리게 느끼며 살아갈 때 우리는 삶의 열정을 회복할 수 있을 것이다.

그런 의미에서 지혜로운 사람의 시간 활용이란 앤 랜더스의 글을 소개한다.

생각하는 시간을 가지십시오

사고는 힘의 근원이 됩니다.

노는 시간을 가지십시오

놀이는 변함없는 젊음의 비결입니다

책 읽는 시간을 가지십시오

독서는 지혜의 원천이 됩니다

기도하는 시간을 가지십시오

역경을 당했을 때 도움이 됩니다

사랑하는 시간을 가지십시오

삶을 가치 있게 만들어 줍니다

우정을 나누는 시간을 가지십시오

생활에 향기를 더해줍니다

웃는 시간을 가지십시오

웃음은 영혼의 음악입니다

나누는 시간을 가지십시오

주는 일은 삶을 윤택하게 합니다

가족과 함께 있는 시간을 가지십시오

삶에 활력을 줄 것입니다.

김상욱의 희망만들기

한국 야구의 새로운 획을 긋고 있는 메이저 리그의 추신수 선수 역시 자신의 저서 〈즐기는 자가 성공한다〉를 통해 즐기는 야구가 얼마나 큰 효과를 가져다 주었는지 말하고 있다. 사실 어렸을 때부터 한국에서 야구를 하면서도 마음 속으론 야구를 즐기자고 말했지만 현실과는 달랐다고 한다. 그런데 메이저리그에 가서 정말 즐기는 야구를 하고 있는 외국인 선수들을 보며 한마디로 충격을 먹었다고 한다. 그들은 승패를 떠나 야구 자체를 즐기며 행복해하고 있었다. 그때부터 추신수 선수 역시 점수에 대한 강박관념을 내려놓고 야구에 집중했고 다른 선수들과 함께 즐기기 시작했다. 부족한 점 보다 잘하는 것을 강화하다보니 예전엔 느끼지 못한 재미가 붙었고 동료들과 성취의 기쁨을 만끽했다. 그러다보니 자신이 진심으로 야구를 즐기고 있다는 생각이 들면서 자신감이 붙었고 그 결과 눈부신 성적을 내게 되었다는 것이다.

성공을 꿈꾸는 이들이 겪게 되는 오류 중 하나가 앞만 보고 달려간다는 데 있다. 그러나 이미 많은 사례를 통해 알듯이 즐기는 자는 노력하는 자, 천부적 재능을 지닌 사람이 따라잡지 못한다.

미국 코넬 대학교의 한국인 종신 교수인 박영운 박사의 유명한 어록이 있다.

'들으면 잊어버리고 보면 기억하고, 직접 해 보면 이해할 수 있고, 즐기면 응용할 수 있다'

요즘 같은 어플 시대에 즐기는 자가 응용 (어플라이)을 할 수 있
다고 하니 21세기 최고의 인재상은 즐기는 자가 아닐까 싶다. 그런
의미에서 어느 코칭 센터에서 자녀를 즐기는 아이로 키우기 위한
다섯가지 팁을, 자신의 삶을 즐기기 위한 팁으로 응용하면 좋을 것
같아 소개해본다.

1. 단점 보다는 강점에 집중하라.

2. 성취의 기쁨을 함께 하라.

3. 옳고 그른 것에만 집중하기 보다 좋고 싫은 것에 집중하라.

4. 평가를 최소화하라.

5. 가치관을 강요할 것이 아니라 자신의 가치관을 형성하도록 하라.

김상욱의 희망만들기

몰입의
힘

지금으로부터 10년여 전의 일이었다. LG 전자 창원 공장에 큰 일이 생겼다. 이 사업부가 경영컨설팅 업체로부터 가전 사업의 사형 선고를 받은 것이다. 한마디로 앞으로 회생 가능성이 없는 시한부 인생이 되어 철수사업으로 결정되었다. 창원 공장의 직원들은 하루 아침에 추풍낙엽처럼 신세가 될 수도 있었다.

이에 에어컨 사업부가 움직이기 시작했다. 그들은 혁신 활동 현장에 모여 아이디어 회의를 열었다. 밤을 세워가며 어떻게 하면 에어컨계의 혁신을 일으킬 수 있을지 그 생각에만 몰두했다. 새로운 활로를 찾기 위한 프로젝트에만 생각을 모았다. 몇날 며칠 밤을 세워 토론하고 생각하는 일이 계속되었고 그러던 중 아이디어가 나왔다.

"천장에 에어컨을 설치하는 건 어떨까요? 에어컨의 부피가 크기 때문에 늘 공간을 차지해서 불편한 점이 있잖아요."

결국 이 아이디어는 천장에 달린 에어컨과 실외기가 가동되는 시스템 에어컨 사업을 탄생시켰다. 절박한 상황에서 밤잠 설쳐가며 나온 아디이어를 살리기 위해 직원 모두가 헌신했고 몇 년 후 이 사업은 수조원의 시장으로 성장할 수 있었다. 게다가 주문 상표를 부탁하는 대신 고유 브랜드를 론칭시키며 세계 1위의 점유율을 유지하게 되었다.

LG 전자의 문제해결 방법은 한마디로 한가지에 몰입하는 것이었다. 그들의 몰입은 모두를 감동시켰으며 나중에는 전 그룹적으로 공유될 뿐 아니라 다른 경영자들의 벤치마킹 대상이 되기도 했다.

숲 속을 지나고 있을 때 사자가 앞에 나타났다고 해 보자. 커다란 덩치의 사자가 자신을 노려보고 있다면 어떤 생각을 하게 될까. 집에 두고 온 일거리? 화장실에 가고 싶단 생각? 아니다. 그땐 오직 한가지 어떻게 하면 이 위험에서 피할 수 있을지 생각한다. 그 어떤 생각도 비집고 들어올 틈이 없다. 사자를 쫓아내던 사자가 제발로 가기 전까지 위험을 피할 생각만이 자신을 지배할 것이다.

이러한 상태가 몰입이다. 오직 한가지 생각을 하도록 모으는 것이 몰입이다. 회사가 공중분해될 수 있는 위험한 상황에서 직원들이 회생방법만을 생각하고 또 생각하여 방법을 찾아낸 것이 몰입이다.

언제부터인가 몰입의 힘이 강조되고 있다. 『몰입』이란 책을 통해 몰입의 개념을 알린 서울대 황농문 교수는 몰입이란 충분한 시간 동안 오로지 한 문제에 대해서만 생각하는 것으로, 난제 앞에서

김상욱의 희망만들기

‘왜’ 라는 질문을 품고 잡생각을 배제한 체 그 문제에만 몰두하는 행위라고 정의한다. 그는 몰입이 사람의 생각에 혁명을 일으킬 수 있으며 이미 많은 기업이나 개인들이 몰입을 통해 기적같은 일들을 펼치고 있는지 말했다.

세상에 왜 이토록 몰입에 몰입하는지는 그것이 자신의 삶에 너무도 긍정적인 영향을 미치기 때문이다. 프랑스의 심리학자인 자넷은 시간의 법칙을 발표했는데 그 내용이 바로 몰입과 관련된 내용이다.

‘생애 가운데 어떤 시기에 일정 시간의 심리적 길이는 그 사람의 그때까지의 생애의 길이의 역수에 비례한다. 훗날 열정과 꿈이 있던 청춘의 시대가 길게 보이고 그 이후의 시간이 짧게 느껴지는 이유가 바로 여기에 있다. 무엇인가 열중하는 시간은 짧게 느껴지지만 훗날 이시간을 돌아보면 길게 느껴진다. 반면 지루하고 내용이 공허했던 시간은 그 순간은 길게 느껴지지만 훗날 되돌아보면 짧거나 회상할 것이 전혀 없게 느껴진다. 우리가 순간 순간에 몰입해야 하는 이유가 바로 여기에 있다.’

이 말은 쉽게 말하자면 우리가 순간 순간 몰입하며 시간을 낭비하지 않아야 나중에 더 풍성하고 긍정적인 인생으로 회고할 수 있다는 말이 된다. 몰입하는 동안 자신이 해놓은 일과 이벤트 등이 쌓여 긍정적 에너지로 전환된다는 의미일 것이다. 반면 현재 게으르고 나태한 시간이 조금 편하게 느껴질지라도 결국 인생 전체적으로 볼 때 빈 공백기가 된다. 몰입하지 않으면 우리 인생이 아주 허무한 것이 될 수 있다는 그의 지적이 긴장되지 않는가.

재능은 10배 집중은 1000배의 차이를 만들어 낸다는 말이 있다. 성공한 사람들이 사용하는 공식은 아주 간단하다고 한다. 에너지를 쓸데없이 뺏는 일을 줄이고 에너지를 충전해주는 일에 집중함으로 자신이 발휘할 수 있는 힘을 키우는 것이다.

열정적인 삶, 긍정적 인생 설계를 위해서 몰입하는 태도가 필요하다. 혼신의 힘을 쏟아부어 한가지만 생각하는 자세는 적극적인 행동을 불러온다. 끊임없이 질문을 던지고 방법을 찾아내는 과정을 반복하기 때문이다. 많은 기업들이 플로우 (완벽한 심리적 몰입이 뜻하는 심리학 용어) 교육을 통해 직원들의 성과도가 훨씬 높아지고 있다고 하니 과연 몰입이 성공을 부른다는 말이 무색하지 않다.

또한 몰입은 자신의 숨어있는 천재성도 이끌어낸다. 어느 TV 프로그램에서 몰입의 전도사 황농문 교수의 한가지 흥미로운 실험을 했다. 서울의 한 중학교 학생들에게 어려운 수학문제를 내고 몰입만으로 해결할 수 있는지 실험한 것이다. 실제 그 학생들은 고등학교 수학인 미적분 문제를 풀어본 적 없는 친구들이었다.

처음 문제를 접한 학생들은 문제를 쳐다볼 의지조차 안 보였다.

김상욱의 희망만들기

그러나 황 교수로부터 몰입 교육을 받은 뒤 문제에 집중하기 시작했다. 그러자 놀라운 일이 벌어졌다. 스스로 문제를 고민하던 학생들이 하나 둘 문제를 풀어낸 것이다. 과연 깊이 생각하는 것만으로 내제되어 있는 천재성을 끄집어 낼 수 있었다는 것이 놀랍기만 하다. 과연 집중이 1000배의 차이를 만들어 낸다는 말이 입증된 셈이다.

이제 우리는 조금 더 자신의 삶에 몰입해야 한다. 자신의 삶에 조금 더 적극적으로 뛰어들어 몰두해야 한다.

10미터만 더
천호식품 김영식 회장

"남자들한테 참 좋은데.. 어떻게 설명할 길이 없네.."

왠 중년의 남성이 아주 어색한 목소리로 TV 광고를 선보인 것을 기억할 것이다. 바로 천호식품의 김영식 회장이다. 연예인 독점이라 해도 과언이 아닌 광고에 제품을 만든 회사의 대표가 광고를 대신했을 때 사람들은 오히려 그러한 의외성을 주목했다.

김영식 회장은 천호식품이란 브랜드를 그렇게 알렸다. 그러나 단발적인 광고로 가능한 일은 결코 아니었다. 천호식품 자체가 지닌 제품의 진정성과 우수성, 차별성이 소비자들의 마음을 감동시켰기에 건강식품의 최고 브랜드란 인식을 얻었다.

이러한 작은 기적을 일궈낸 김영식 회장은 그 인물 자체만으로도 귀감이 되는 분이다. 그는 오뚝이같은 인생으로 식품업계의 다크호스가 되었다. 부산에서 사업을 하면서 현금을 가장 많이 보유한 사업가로도 유명했던 그였지만 비전문분야 사업을 했다가 쫄딱

김상욱의 희망만들기

망해 여관방 신세를 지게 되었다. 소주와 소시지로 끼니를 때우며 자살까지 생각했던 그였건만 특유의 성실함을 발휘하여 재기에 뛰어들었다. 자신의 전문분야라 여긴 건강식품을 팔러 길거리에서 리어커 행상을 하고 회사에 전단지를 뿌리며 그는 1년 11개월만에 20억이란 빚을 청산했다. 그리고 더 나아가 천호식품을 궤도에 올려놓을 뿐 아니라 건강식품업계의 독자적 브랜드로 올려놓았다.

지금도 그는 누구보다 열정적인 삶을 이어가고 있다. 그의 롤러코스터같은 인생 속에서 노력하고 도전하는 정신이 빛나기 때문이다. 김영식 회장은 성공을 꿈꾸는 수많은 사람들에게 이런 말을 전한다. 남들보다 10미터만 더 뛰어보라고. 100미터를 뛰는 사람과 90미터를 뛰고 나서 10미터를 더 뛰는 것은 아주 큰 차이가 있다. 애초에 목표했던 바를 달성하면 마음이 흐트러지게 되어 있다. 거기서 10미터를 더 뛴다는 것은 보통의 열의를 넘어서는 일이다. 그런데 그 10미터를 더 뛰는 것이 성공의 승패를 갈리게 한다는 것이다.

"노력하는 사람에겐 운이 달라붙는다. 운이 좋아 성공한 사람의 뒤를 살펴보라 그 사람은 틀림없이 노력한 흔적이 있다. 운이 없는 사람과 뭐가 달라도 다르다. 노력하는 사람에게는 운이 착착 달라붙는다. 그리고 운은 행동에서 나온다. 나는 말해주고 싶다. 운이 하늘에서 떨어지는 것이 아니라 발뒤꿈치에서 솟아 오라는 것이라고..."

김영식 회장의 이 말은 그야말로 자신의 생생한 경험에서 우러나오는 조언이란 생각이 든다. 무일푼에서 아니 빚더미에서 굴지의 기업체를 이끌어낸 사람의 인간승리담이며, 열정적인 삶을 위한 비책이다.

물론 10미터만 더 뛰어 보자는 말이나 대나무 끝에 매달려 한걸음 더 나가는 일은 쉽지 않다. 마라톤을 뛰는 사람들의 이야기를 들어보면 정말 한계점에 도달했는데 1미터만 1미터만 더 뛰는 일은 죽을만큼 괴롭다고 한다. 딱 주저앉고 싶은 마음에 편히 쉬고 싶은 생각이 발목을 잡는다. 왠만한 의지가 아니고서는 중도 포기하기 딱 좋지만, 그래도 마지막 힘을 짜내어 더 뛰면 완주라는 기분좋은 타이틀이 주어지니 그것을 바라보고 뛴다고. 그때의 홀가분하고 뿌듯한 기분이란 경험해보지 못한 사람은 알지 못할 것이다.

더 이상 노력할 수 없을 것 같은 시점에서 조금 더 나아가는 것, 그것이야말로 변화와 다양성이 존재하는 이 세상에 필요한 차별화가 아닐까 싶다. 남보다 조금 더 노력하는 것은 경쟁의식을 부추기는 일이 아니다. 자기 자신과의 싸움이며 그것에서 얻어지는 무한대의 기쁨과 성취감이 많은 이들에게 유익을 끼치는 일이다. 자기 자신에겐 치열하게 살아가는 열정을 제공하며 그것을 보는 사람들에겐 본이 된다. 모두가 좋은 일임에 분명하다.

　자기 계발분야의 유명 저자인 브라이언 트레이시가 인생의 복리 법칙을 이렇게 설명했다. 별 것 아닌 것처럼 보이지만 매일 0.1%씩 향상시킬 경우 한주 동안 자기 자신의 성과를 0.5% 향상시킬 수 있으며 매주 0.5%가 4주동안 축적되면 2%, 이는 1년만에 26%가 향상됨을 뜻한다. 그리고 매년 26%씩 10년동안 계속하면 처음 시작에 비해 무려 1000%이상의 엄청난 성과 창출할 수 있다고.

　10미터만 더 뛰는 일이 부담스럽게 느껴진다면 하루 0.1보씩 뛰어보는 건 어떨까. 거의 움직이는 것처럼 느껴지지도 않은 작은 걸음이지만 이 진일보가 모여 남보다 1000배 이상 앞서가게 만들 것이다. 얼마나 멋진 복리법칙인가.

　자신이 혹시 대나무 끝에 매달려 있다고 생각한다면 과감히 진일보하기 바란다. 낭떠러지로 떨어지는 것이 아닌 창공을 향해 비상할 수 있는 날개가 솟아날 수 있다. 자신은 충분히 노력했다고 생각하는 순간 0.1보만이라도 진일보하기 바란다. 1000배 이상의 복리법칙이 당신을 기다리고 있다.

365일 빛나는 긍정 법칙 '하면 되고' 모르면 배우면 되고 …

인생의 선배들, 성공한 이들의 삶의 자취를 따라 가다보면 어느 누구를 불문하고 배움에 모든 창을 열어 놓았음을 알 수 있다. 어린 이 학습 분야의 선구자적 역할을 주도한 대교의 강영중 회장 역시 배움의 중요성을 늘 강조한다. 지독하게 배움을 실행하면서 아름다운 삶을 이룰 수 있었다는 그는 배움에 몰두하는 사람이야말로 어떤 분야든 최정상에 오를 수 있다고 말한다. 그 역시 모든 환경이 다른 친구들에 비해 보잘 것 없었지만 포기하지 않고 지독하게 배움에 매달린 결과 원하는 것을 이뤄낼 수 있었다고. 그는 또 말한다. 배움은 철저히 후불제다. 그러기에 순간의 즐거움을 포기하고 배움을 선택하면 그 결과는 시간이 보상해 준다는 것이다.

그가 말하는 성공의 비밀은 먼저 자신이 뭘 배우고 싶은지 알고 있어야 하며, 배우기 위해 치러야 할 대가를 결정한 뒤 열심히 그 대가를 치르는 것이다. 참으로 배움을 중요하게 생각하는 인물이란

김상욱의 희망만들기

생각이 든다.

그 뿐만 아니라 중국의 대문호로 불리는 왕멍은 이 시대 학생을 자처하는 시대의 스승으로 알려졌다. 그의 저서『나는 학생이다』를 보면 그가 얼마나 배움을 사모하는지 나타내주는 구절이 있다.

'내게 배움은 가장 명랑한 것이며 가장 홀가분하고 상쾌한 것이다. 또한 가장 즐거운 것이며 가장 건강한 것이다. 그리고 가장 티 없이 깨끗하고 떳떳한 것이며 가장 진실한 것이다. 특히 아무 일도 할 수 없는 역경에 처했을 때 배움은 내가 파도에 휩쓸리지 않도록 매달릴 수 있는 유일한 구명 부표였다. 배움은 내가 의지할 수 있는 유일한 의탁처이자 암흑 속의 횃불과 같았고 나의 양식이자 병을 막아주는 백신과 같았다. 배움이 있었기에 비관하지 않을 수 있었고 절망하지 않을 수 있었으며 미치거나 의기소침해지거나 타락하지 않을 수 있었다. 배움을 지속함으로써 나는 하늘을 원망하며 눈물을 흘 거나 무위도식하며 세월을 허송하지 않을 수 있었다. 나에게 배움은 타인에 의해 결코 박탈당하지 않는 유일한 권리였다.'

영원한 학생이 되어 배움을 소망하는 왕멍이나 지독한 배움으로 아름다운 삶을 살아갈 것을 조언하는 대교의 강영중 회장의 말을 듣고 있으면 배움은 정말 정해진 때도, 갖춰야 할 능력도, 장소도 상관없이 의지만으로 가능한 일이란 생각이 든다. 그들은 어쨌든 배움을 통해 새롭게 거듭나고 업그레이드 되고 있다. 배움을 통해 긍정의 에너지가 선순환되고 있기 때문이다.

살다보면 어느 순간 배우는 일에 소홀해질 때가 온다. 정규 교육 과정으로 배움은 끝났다고 선포(?) 하는 사람도 있고, 반면 어떤 사람은 정규 교육을 받지 못한 탓에 나이 여든이 넘어서도 한글 공부에 도전하여 귀감이 되기도 한다. 어떤 쪽이 더 좋을까는 각자 알아서 판단할 수 있으리라 생각한다.

아직도 모르는 게 약이라고 여기며 배움을 미루고 있거나, 모르쇠로 일관하며 책임을 회피하려 한다거나, 마치 내일 죽을 것처럼 배움이 필요없다고 생각된다면 영원히 살 것처럼 배우라는 말을 기억했으면 좋겠다.

365일 긍정하는 긍정 법칙 '모르면 배우면 되고' 를 외치는 순간, 배움으로부터 자유로워진 자신을 발견하게 될 것이다.

행복한
밑지기

사람이 부비며 살아가는 곳에서 너무 계산적인 것은 좋지 않다. 계산력에 민감하기보다 이해력에 민감한 편이 더 낫다. 밑지는 것 같은데 결국 이익이 되는 것, 이런 아이러니가 사람과 사람 관계에 분명히 존재한다. 밑지고도 잘해주는 우직함이 사람과 사람을 잇는 진심의 끈이 되기 때문이다.

한국 의료계의 큰 별이시면서 대표적인 바보라 일컬어지던 장기려 박사님도 늘 밑지고 손해보는 의사이셨지만 그가 얻은 것은 사람들의 존경과 사랑이었다. 누구도 밑진 것이 아니다. 오히려 그의 행동으로 모든 사람이 긍정적인 힘을 얻었다. 사람과 사람을 잇는 긍정 에너지를 꿈꾼다면 밑지는 장사를 해보길 바란다. 당장은 손해보는것 같지만 결국 서로에게 대단한 이익을 가져다 준다. 일단 한번 믿어도 된다.

나눔,
완전한 사람으로 가는 길

포유류 중에 미숙아로 태어나는 유일한 동물은 사람이다. 듣고 보니 그 말이 정말 맞다. 다른 동물들은 엄마 뱃속에서 나오자마자 걷고 일어서지만 유일하게 사람만이 누워서 자리를 보전한다. 한마디로 미숙아로 태어나는 것이다.

그 미숙아는 부모의 도움을 받고 조금씩 성장해 나간다. 누워서 있던 아이는 일어나 앉고 얼마 지나면 기어다니기 시작하다가 일어서고 두 발로 걷는다. 그 과정이 대략 1년이란 시간이 필요하다. 그런데 어디 그 뿐이랴, 젊었을 땐 혼자 잘 다니다가도 세월이 지나 늙었을 땐 또다시 도움을 필요로 한다. 구석구석 아픈 곳이 생겨나면서 자리 보전을 하게 된다.

결국 사람은 태어나고 죽는 과정에 남의 도움을 받는 미숙아이다. 그러니 남에게 도움을 받지 않는 시기에는 남을 도와줘야 하는

게 아닐까. 나눔만이 완전한 사람으로 가는 길이란 말이다. 인디언들이 말하는 인간의 의무에 관한 글 중에 이런 구절이 있다.

'인간은 매우 신성한 의무를 지고 이 세상에 태어난다. 인간은 신에게서 받은 특별한 선물을 다른 생명들과 함께 나누어야 할 책임을 갖고 있다. 인간은 살아 있는 모든 것들을 보살필 수 있는 능력을 부여받았기 때문이다.'

이 글을 읽고 있으면 사람으로 태어난 것이 무척 자랑스럽게 여겨진다. 만물의 영장이란 말이 과연 괜히 나온 말이 아니란 생각이 든다. 결국 우리는 상상 이외의 능력자란 말이다. 모든 것들을 보살필 수 있는 능력을 가졌기에 나눔을 실천해야 한다는.

얼마전 우리나라를 뜨겁게 만든 신부님이 계셨다. '울지마 톤즈'란 다큐멘터리를 통해 알려진 이태석 신부님의 이야기는 감동이었다. 우리가 잘 알지도 못하는 아프리카 수단이란 나라에서 척박한 현실 속에 선교 활동을 펼치다 세상을 마감한 그는 진정한 나눔에 대해 생각하게 한다.

부산에서 태어난 이태석 신부는 근처 성당을 놀이터 삼아 유년시절을 보냈다. 자갈치 시장에서 삯바느질을 하며 10남매를 키우신 어머니 밑에서 어렵게 자랐지만 공부도 잘하고 신앙심도 깊은 그였다. 그러던 어느날 성당에서 놀던 중 벨기에 출신의 다미안 신부에 관한 영화를 보게 된다. 다미안 신부는 하와이 근처 볼로카섬에서 한센인을 돌보다가 자신도 한센병에 걸려 49세에 숨을 거둔 성인이셨다. 그분의 영화를 보던 어린 이태석은 큰 감동을 받고 자신도 신부가 되어야겠다며 마음을 먹었다.

훗날 인제 의대를 졸업한 그는 집안의 기둥이었지만 어린 시절 사제가 되겠다던 결심을 지울 수 없었다. 이미 신부가 된 형과 수녀가 된 누이가 있었던터라 어머니는 그를 붙잡고 신부가 안 되면 안 되겠냐며 눈물로 호소했다. 하지만 그는 하나님께 자꾸 끌리는 자기 자신을 주체할 수 없어 결국 신학대를 진학했고 사제가 되었다.

신부가 된 그는 아프리카 수단으로 향했다. 아프리카에서 가장 큰 나라인 수단은 내전으로 황폐해졌고 특히 남수단의 상황은 최악이었다. 각종 전염병이 창궐하여 사람들은 날마다 죽어갔다. 그가 찾은 곳은 남수단의 톤즈란 곳이었고 그곳의 유일한 의사이기도 했다.

그곳에서 하루 300명 환자를 돌보며 생각했다. 이럴줄 아시고 미리 의사 공부를 시켜 준비하신 하나님께 감사했으며 그들에게 뭔가 도움을 나눌 수 있다는 사실에 감사했다. 사람들 사이에서 '톤즈에 가면 살 수 있다.' 는 소문이 퍼졌고 100km를 걸어 오는 환자들도 있었다. 더 이상 환자를 수용할 수 없었기에 손수 시멘트를 구입하고 모래를 퍼와 벽돌을 만들어 병원을 짓고, 전기가 없어 지붕에 태양열 집열기를 설치한 뒤 냉장고를 돌려 전염병에 필요한 백신들을 보관했다. 속수무책으로 말라리아 콜레라로 죽어가던 톤즈의 사

김상욱의 희망만들기

람들이 목숨을 건져나갔다.

　병원을 돌보는 일과 함께 그는 톤즈 사람들에게 다른 것을 또 나누고자 했다. 보통 선교사들이 와서 가장 먼저 하는 것이 교회나 성당을 짓는 것이지만, 그는 그들에게 더 필요한 것은 학교라는 생각에 폐교를 수리하여 학교를 세웠다. 문맹이며 평소 총과 칼을 들고 놀던 아이들에게 지식을 나누고자 했기에 톤즈엔 초중고 11년 과정의 학교가 세워졌다. 스스로 수학과 음악을 가르쳤다. 음악에 대해 잘 몰랐던 그였지만 직접 설명서를 보며 악기를 가르치는 등 안되면 되게하는 정신을 발휘했다. 하여 현지 청소년들을 모아 조직한 군악대는 국가적인 행사에 출연하기도 하는 등 톤즈의 희망이 되었다.

　쫄리 신부, 이태석 신부의 현지 이름이다. 그가 수단에 간 이후로 톤즈의 아이들부터 어른들에 이르기까지 희망을 얻기 시작했다. 아낌없이 자신이 가지고 있는 것을 나누어주며 희망이 살아 있음을 보여주었다. 이렇듯 수단의 슈바이처로 활동하던 그였지만 2009년 말기암에 걸려 치료를 받던 중 결국 48세의 일기로 천국으로 떠났다. 그의 죽음에 톤즈 시민들은 함께 눈물을 흘렸다. 이태석 신부의 아름다운 나눔과 희생이 왠만해선 울지 않는다는 아프리카 사람들의 심금을 울린 것이다.

　그는 다시 톤즈로 돌아가지 못했다. 그러나 그의 짧지만 나눔으로 인해 찬란하고 아름다웠던 인생은 완벽했단 생각이 든다. 평범한 사제로, 평범한 의사로 살았다면 누릴 수 없었을 것을 9년 사역을 통해 이룬 것이다. 그는 천국으로 떠나기 전 하늘나라 수학 공식에 대한 이런 이야기를 남겼다.

'가진 것 하나를 열로 나누면 우리가 가진 것이 십분의 일로 줄어드는 속세의 수학과는 달리 가진 것 하나를 열로 나누었기에 그것이 천이나 만으로 부푼다는 하늘나라의 참된 수학, 끊임없는 나눔만이 행복의 원천이 될 수 있다는 행복 정석을 그들과의 만남을 통해 배우게 되었다.'

이처럼 나눔은 인생을 아름답고 완벽에 이르도록 도와준다. 나눔은 이태석 신부와 톤즈의 가난하고 헐벗은 사람들을 잇는 긍정의 끈이 되어 지금까지도 그 희망을 놓치지 않도록 한다.

나눌 것이 없다는 것은 핑계에 불과하다. 마음 하나만 있으면 나눌 수 있는 것은 얼마든지 많다. 마음이 먼저 준비되면 나눌 것은 무한히 생겨나게 되어 있다. 우리가 함께 공유하고 있는 자연도 나눌 수 있는 것이 된다. 무슨 말인지 궁금한가. 지역구 활동을 하면서 나는 환경에 대한 관심도 많았다. 서울 도심의 지역이다보니 공해와 환경 오염으로 시달리는 곳이 우리 지역이기도 했다.

그들과 부대끼며 살아가면서 뭔가 더 나누고 싶었다. 건강한 삶을 나누면 더 좋을 것이었다. 하여 생각한 것이 숲이었다. 새벽에 산을 오를 땐 쓰레기를 줍고 주민들과 대화 나누는 일은 일상이었지

김상욱의 희망만들기

만 뭔가 더 좋은 것을 더 많은 이들에게 제공하면 좋겠단 생각에 숲을 생각한 것이다.

나눌 것이 없다는 것은 핑계다. 주변을 살펴보면 우리는 너무도 나눌 것이 많다. 옛날 어르신들이 콩 한쪽도 나눠먹는 이유가 무엇이었을까. 그것이 맛있거나 배가 불러서가 아니다. 나누는 온기로 사람사는 맛을 느끼려는 것이다. 지금도 시민의 숲을 갈 때마다 자연을 공유하고 그것을 나누고 있음에 가슴이 벅차오를 때가 있다.

역시, 마음만 있으면 나눔은 가능하다. 또한 나눔은 완전한 사람으로 가는 자양분이 된다.

당신에겐
어떤 향기가 나는가.

누구나 존경하는 사람이 한 두명쯤은 있을 것이다. 그 중에 유한 양행의 유일한 박사는 가장 많은 공통분모가 되지 않을까 싶다. 이미 세상을 떠난지 30년도 넘었건만 그분이 남긴 삶의 자취와 향기가 너무 진하기 때문에 쉽사리 잊혀지지 않는다.

유일한 박사는 미국으로 건너가 고학을 하며 법학 공부를 하였고, 한국으로 돌아와 제약회사인 유한양행을 설립하였다. 당시로는 파격적인 종업원들에게 주식의 30% 이상을 배분하는 우리나라 최초의 종업원 지주제를 실시하였다. 유한양행은 깨끗한 경영으로도 정평이 나 있었다. 정치자금 운운하던 5공화국 시절, 정치자금을 거부하던 유일한 박사는 정치적 보복을 당할 위험에 처했지만 세무조사에서 오히려 털어서 먼지가 하나도 나오지 않아 동탑 산업 훈장을 받기도 하였다.

기업을 하면서도 유한학원을 설립하여 어려운 학생들에게 학

김상욱의 희망만들기

업의 길을 열어주는 등 사회적으로 아름다운 일들을 펼친 동시에 1969년 50년간 맡았던 기업 CEO 자리를 전문 경영인에게 물려주며 기업 문화의 센세이션을 일으켰다. 그로 인해 국내기업의 전문 경영기업인 시대가 열렸다.

유일한 박사가 가장 존경받는 이유는 따로 있다. 1971년 유명을 달리 하시며 그분이 남긴 유언장의 내용 때문이었다. 그는 자신이 가지고 있는 모든 재산을 공익 기업에 기부하셨으며 자식들에겐 유산을 거의 남기지 않으셨다. 그가 가족에게 남긴 유산은 너무 작은 것들 뿐이었다.

아직 어린 손녀에게 대학 자금을 지원해 주는 것, 딸에게 대지를 5000평 상속하여 학생들이 뛰놀 수 있는 동산으로 꾸미도록 하는 것, 미국에 있는 장남은 대학까지 졸업했으니 앞으로 자립해서 살아가라는 유언이 전부였다.

유일한 박사는 죽음이란 마지막 관문을 건너고 난 뒤에도 남은 사람들에게 반향을 일으켰다. 어떻게 그러한 대기업을 이끌던 분이 가족에게 거의 아무것도 남기지 않을 수 있을까 싶지만 그가 일생을 통해 보여준 삶의 자세는 충분히 그러고도 남았을 것이다. 아버지의 향기는 대대로 전달되었다. 그의 딸 유재라 여사 역시 자신의 재산 200억을 사회에 환원하고 세상을 떠나셨으니 존경받지 않을 수 없다.

나 역시 유일한 박사를 무척 존경하는 사람으로서 그분의 평전
과 일대기 등을 빠짐없이 읽었던터였다. 그토록 오랫동안 그를 찾
은 이유는 그분이 남긴 향기가 너무 진하기 때문이다. 은은하게 오
래 가는 향기는 오랜 시간을 거쳐 정제되고 숙성되어 발향한다. 유
일한 박사는 평생이란 오랜 시간 내내 사람을 사랑하고 아낀 것들
이 정제되고 숙성되어 향기를 내는 것 아닐까 싶다.

그 분의 향기나는 삶은 바쁜 세상 속에서 잠시 멈추는 쉼터와도
같다. 사람과 사람이 부대끼며 사는 것이 아니라 사람과 사람이 서
로 흐뭇하게 바라보며 쉴 수 있는 만든다. 사람에게서 나는 향기는
그만큼 중요하다.

사람마다 고유한 향기가 있다고 한다. 어떤 이들에겐 향기라고
할 수 없을 냄새가 나기도 하고 어떤 이는 무향무취다. 얼마나 재미
없고 멋없는 인생인가. 이제부터라도 향기나는 삶을 살아야 한다.

우장춘 박사가 새벽부터 배추밭에 나가 배추를 들여다보며 기록
을 하고 있자 제자들이 들어가 쉬시라며 그를 만류했다. 그때 고집
을 피우며 끝까지 배추밭을 지키던 그는 이렇게 말했다고 한다.

"자네가 죽은 뒤 신으로부터 너는 세상에 태어나 무엇을 했느냐
물으면 뭐라고 하겠나. 나는 말이야, 배추 잎사귀 하나 사람들 먹기
좋게 만들어 놓았습니다, 라고 대답할 생각이네.'

세계적인 육종학자인 그는 보다 많은 사람들의 유익을 위해 인

생을 바친, 그만의 향기를 세상 사람들의 식탁 위에 올려 놓은 셈이다.

이러한 향기나는 삶을 우리도 꿈꿔야 한다. 과연 나는 어떤 향기를 간직한 사람인가, 자신에게 늘 자문해 보아야 한다. 자신의 향기가 다른 이들의 마음을 움직일 만한지, 기분을 좋게 만들어주고 있는지, 다른 사람의 인상을 찌푸리게 하는지 자기 성찰을 해 보아야 한다. 가장 쉬운 방법 하나만 먼저 알려주자면 내것만 취하지 않는 것이다. 벌은 꽃에서 꿀을 따지면 상처를 남기지 않고 오히려 열매를 맺도록 꽃을 도와준다. 내것 취하기 급급해 남에게 상처를 내면 그 상처가 썩어 결국 근원조차 잃고 만다. 사람과 사람 사이에도 꽃과 벌 같은 관계가 이루면 된다. 그렇게 될 때 세상은 꽃과 열매의 아름다운 삶의 향기가 나게 되어 있다.

역지사지
원칙

얼마 전 냉정하다고만 여겨졌던 법정에서 따뜻한 광경이 연출되었다. 당시 서울 서초동의 법원청사 소년 법정에서 재판이 진행되고 있었다. 16세의 A양은 도심에서 친구들과 함께 오토바이 등을 훔쳐 달아난 혐의로 피고인 석에 앉아 무거운 보호 처분을 예상하고 있었다.

사실 그녀는 간호사를 꿈꾸던 발랄한 학생이었다. 그런데 어느 날 남학생 여러명에게 끌려가 집단 폭행을 당한 뒤 삶이 바뀌었다. 후유증으로 병원 치료를 받았고 충격을 받은 어머니는 신체 일부가 마비되기까지 했다. A양은 그 사건 이후 학교에서 겉돌고 비행 청소년과 어울리며 14차례나 범행을 저질렀다. 더 이상 삶이 재밌지도 살아야 할 이유도 못 느끼고 있었다. 그런 상태에서 절도죄로 붙잡혀 오게 되었으니 얼마나 마음이 무거웠을까.

그때 A양 사건을 재판하던 김귀옥 부장판사는 놀라운 결과를 발

김상욱의 희망만들기

표했다. 아무 혐의가 없다는 불처분 결정을 내린 것이다. 판사는 법정에서 이렇게 말했다.

"이 아이는 가해자로 재판에 왔습니다. 그러나 이렇게 삶이 망가진 것을 알면 누가 가해자라고 쉽사리 말하겠어요? 아이의 잘못이 있다면 자존감을 잃어버린 겁니다. 그러니 스스로 자존감을 찾게 하는 처분을 내립니다. A양 앞으로 나오세요."

눈물범벅이 된 A양은 판사 앞으로 나왔다. 그때 판사가 아이를 향해 말했다.

"자, 날 따라서 힘차게 외쳐봐. 나는 세상에서 가장 멋지게 생겼다."

잠시 머뭇거리던 A양은 나지막히 따라하기 시작했다.

"더 큰소리로! 나는 이 세상에 두려울 게 없다. 이 세상은 나 혼자가 아니다."

"이 세상은.. 나 혼자가 아니다."

순간 법정에 있는 아이, 아이의 어머니, 부장 판사, 재판 진행을 돕던 참여관 법정 경위의 눈시울이 빨개졌다.

"이 세상에서 누가 제일 중요할까. 그건 바로 너야. 그 사실만 잊지 않으면 돼. 그러면 지금처럼 힘든 일도 이겨낼 수 있을 거야. 알았지? 손 한번 잡아보자. 마음 같아선 꼭 안아주고 싶은데 법대가 가로막고 있어서 이 정도 밖에 못해주겠구나."

이 재판은 비공개로 열렸지만 이 따뜻한 재판은 서울가정법원

내에서 화제가 되면서 뒤늦게 알려졌다.

이 기사를 읽으며 근래에 참 보기드문 일이란 생각이 들었다. 따뜻한 가슴이 아직도 훈훈히 남아 있다는 사실에 괜시리 기분이 좋아졌던 것도 사실이다.

역지사지란 말을 우리는 참 자주 사용한다. 상대편과 처지를 바꿔 생각한다는 역지사지는 더불어 사는 사회에서는 반드시 필요한 긍정 에너지이다.

역지사지 정신 하면 세종대왕을 빼놓을 수 없을 것이다. 역사적으로 가장 높이 평가받는 세종대왕의 위대한 업적인 한글 창제 역시 역지사지 정신에서 나온 성과였을 것이다. 한글을 창제한 가장 큰 원인이 글을 모르는 백성들의 처지가 안타까웠기 때문이다. 백성들을 긍휼히 여기는 마음, 그들의 처지가 되어 생각한 임금의 마음이 한글 창제로 이어진 것이다.

세종 대왕의 역지사지 정신은 그 이후로도 계속 되었다. 사람들이 잘 알지 못하는 내용일 수 있지만 노비의 출산 휴가를 준 그의 결단은 백성사랑의 절정이 아니었을까 싶다. 그 당시 노비들은 소유물로 생각되던 계급이었음에도 그들에게 출산 휴가를 주게 했던 것은 역지사지 정신이 없으면 불가능한 일이었을 것이다.

이처럼 역지사지 정신은 사람과 사람이 사는 세상에 기적을 일으킬 수 있다. 소년 법정에서 발휘된 판사의 역지사지 정신으로 16

김상욱의 희망만들기

세 어린 청소년이 자기의 자리를 찾아갈 수 있었던 것처럼, 우리 민족이 역지사지 정신으로 따뜻한 정을 나누었던 것처럼, 사회적 약자를 먼저 생각하고 아끼고 사랑하는 마음으로 한글을 창제하고 노비에게 휴가를 주는 등 15세기 조선의 기적을 이룬 것처럼 말이다.

희망의
아이콘

해마다 명절이 되면 충남 서산 일대의 여러 독거노인들 집 앞에 맑은 천일염 30킬로그램 들이 포대가 놓인다고 한다. 벌써 13년째, 독거 노인들은 누가 그것을 가져다 놓았는지 모른 체 감사하며 소금을 받는다고 한다. 그러다가 드디어 범인(?)이 잡혔다.

혼자서 여러해 소금을 나르다 보니 도저히 힘이 들어 읍사무소에 도움을 요청했기 때문이다. 읍사무소에 소금을 트럭 한가득 싣고 온 사람은 충남 영탑리 부성염전이라는 소금밭을 짓는 소금 장수 강경환씨였다.

그는 두 손이 없는 장애인이었다. 더 놀라운 것은 7년 전까지 기초생활 수급자로 빈곤한 삶을 살았던 그였건만 이제 다른 사람을 돕는 손길이 된 것이다.

그에게서 들은 삶은 그야말로 롤러코스터와도 같았다. 1959년 생인 그가 초등학교 마지막 겨울방학을 맞았을 때 그는 굴곡을 경

김상욱의 희망만들기

험했다. 해변에서 안티푸라민 통을 닮은 깡통을 발견하여 그것을 가지고 놀던 중 펑 터지며 참혹한 현실이 펼쳐졌다. 그것은 대인지뢰, 속칭 발목지뢰였고 그것으로 인해 손목 아래 두 손이 사라졌다.

다행히 목숨을 건졌지만 남 보기 부끄러워 중학교는 가지 않았고 3년 동안 집 밖에 나가지도 않은 채 인생을 포기했다. 가수가 꿈이었던 해맑던 소년은 우울한 청년으로 변했다. 모든 게 귀찮아 농약을 먹고 죽으려는 생각도 숱하게 했다.

그러던 어느날 외할머니의 장례식에 간 어머니가 돌아오시지 않자 3년만에 숟가락을 들고 밥을 먹기 시작하여 스스로 밥을 먹게 되었다. 그렇게 열 일곱 되던 해 주막에 출근하여 일을 도왔지만 술에 의지하며 살았다.

그러던 어느날 교회의 우연히 보게 된 유인물에서 한가닥 희망을 갖게 되었다. 자신보다 더 처지가 딱한 장애인이 교회에서 간증을 한다는 이야기를 듣고 곧장 그에게 편지를 썼다. 자신도 당신처럼 잘 살 수 있느냐고. 그러자 바로 희망을 갖고 살라는 답장이 왔다.

그날 이후 그는 자신도 희망의 주인공이 될 수 있다는 마음에 변화했다. 술을 끊고 일을 하기 시작했다. 삽질을 익히고 오른쪽 손목에 낫을 테이프로 감고 낫질을 하며 농사일을 도왔다. 지독하게도 가난했다.

그러던 어느날 아버지의 친구가 그에게 염전일을 할 수 있겠냐

부록 긍정에너지 바이러스

며 일을 소개시켜 주었다. 이미 결혼하여 가장이었던 그는 농사보다 훨씬 힘들고 고된 염전일을 했다. 삽보다 훨씬 무겁고 큰 삽을 자신의 '손 몽둥이'로 놀리는 방법을 익히고 하루 2시간 밖에 잠을 못 자면서도 새벽까지 소금을 펐다. 고된 일을 마다하고 도망가 버리는 직원들이 허다했지만 그들 부부는 근성을 발휘했다.

그 과정에서 자신이 사람에게서 받은 희망이란 선물을 다른 사람에게도 전해야겠다는 생각을 하게 되었다. 손을 잃은 대신에 얻은 사랑을 실천하는 방법으로 남을 돕는 것이었다. 소금 한 포대가 만원 가량 하는데 그것의 10분의 1, 1000원을 떼서 모은 뒤 그 돈으로 소금을 사서 희망을 잃고 사는 이들에게 주었다. 한 해도 빠지지 않고 14년째 희망 실천을 하면서 아무에게도 알리지 않았다.

그의 염전은 12000여평으로 한해 6000만원의 수익이 난다. 그러나 비용을 다 빼면 한 해 1800만원 적은 이익이 나지만 어김없이 그의 십일조는 어려운 이웃에게 돌아간다. 소록도에 김장용 소금 30포대를 보내는 일도 빠뜨리지 않는다.

"소금 한 포대 팔아서 1000원 떼는데요, 5000포대면 500만원이잖아요. 하나를 주면 두 개가 되어 돌아오고 그 두 개를 나누면 네 개가 되어 또 나눠집니다. 연결에 연결, 그게 사는 원리에요."

그는 지금 기초생활수급자 꼬리표를 뗐다. 수급자 수당도 날아가고 장애인 수당도 포기했다. 자신은 이제 살 길을 찾았으니 더 어

김상욱의 희망만들기

려운 사람에게 주라는 것이 그의 뜻이다. 여전히 그는 남의 염전을 소작하고 있고 아이들 학비 대는 일도 버겁다. 그러나 자신이 사람을 통해 얻은 희망에 뭔가 더 보태 희망을 전하고 싶은 마음이 더 크다. 하여 자선단체도 만들어 그 희망 나누는 일에 더 적극적으로 임할 생각이라고 한다.

강경환 씨의 이야기를 신문을 통해 접했을 때 솔직히 부끄러운 마음이 들었다. 과연 나는 누군가의 희망이었던 적이 있었을까 되돌아보기 때문이다. 희망이라는 것은 '좋은 소식이란 단순한 의미가 아니라 그저 행동하겠다는 선택' 이라는 안나 라페의 말처럼 누군가에게 희망이 되는 일은 관계를 긍정적으로 유지시키는 충전기다. 누군가를 통해 희망을 얻겠다는 마음은 삶에 대한 소극적 자세다. 자신이 먼저 희망이 되어주어야 한다.

한번은 한 모임에서 함께 등반을 했다. 등산하기 꽤 까다로운 산을 선택했던터라 내심 마음을 단단히 먹기는 했는데 막상 산을 오르게 되니 숨이 턱밑까지 차올랐다. 헉헉거리며 산을 오르다보니 나머지 구성원들 역시 중간에서 포기할듯 낯빛이 어두웠다. 그때 그들의 모습을 본 나는 가만히 있을 수 없었다.

그야말로 젖먹던 힘을 내서 정상까지 단숨에 올라가는 척(?) 했다. 속으로는 타들어갈 것 같은 호흡에 힘이 들었지만 겉으로는 상쾌한 듯 회원들의 희망이 되고 싶은 바람이었다. 나의 의외의 행동에 함께 갔던 일행들은 희망을 얻었다. 힘을 내기 시작했다. 저 사람도 가는데 나도 못 갈 것이 무엇인가 생각하는 것 같았다. 결국 나로 인해 모든 일행이 정상으로 올라갈 수 있었고 그 날 산행은 모두가 만족한 일이 되었다.

희망은 사람과 사람 사이에 긍정적인 전류가 흐르게 만든다. 두 손이 없는 소금장수가 희망이 되어 많은 사람들에게 나눔을 실천한 것은 사람이 부대끼며 사는 세상에 강한 긍정 기운을 심어준 것이다. 희망은 바로 살아있다는 것의 또다른 표현이다. 세상의 어떤 생물에게서 느끼는 희망은 사람에게서 느끼는 희망만큼 강하지 않다. 그렇기에 우리는 스스로 희망이 되어야 하고, 다른 사람으로부터 희망을 받아야 한다. 삶을 변화시키는 역발상 긍정 바이러스

궁하면 변하라
정주영 회장님

나는 왕회장이라 불리던 정주영 회장의 인생 스토리를 좋아한다. 그가 세계적인 기업의 수장이며 나라를 쥐락펴락하는 기업인이라서 좋아하는 것 보다 그의 치열하고도 뜨거웠던 인생이 너무 찬란하게 빛나기 때문이다. 남못지 않게 열심히 살았다고 자부하는 나이건만 왕회장의 스케일 남다른 라이프 스토리는 왠지 그대 앞에만 서면 작아지게 만드는 저력이 있다. 왜일까, 그가 기업을 일구워나가며 보편적인 과정을 과감히 뛰어넘어 역발상에서 나온 긍정 에너지로 신화를 창조했기 때문이다.

그는 사진 한 장으로 어마어마한 거액의 투자를 끌어냈다. 경제 개발과 더불어 정 회장은 현대가 중공업 분야에 진출하는 꿈을 꾸었다. 이미 조선업 분야의 후발주자로 뛰어들었던 한국으로서는 미래가 불투명했다. 선진국이 조선강국으로 세계를 호령하고 있는데다 우리가 가진 자원은 너무 부족했다. 그럼에도 그는 정신적으로 그러한 환경에서 오는 고정관념을 깼다.

　1972년 조선소 건설을 하기로 결정하고 차관을 빌리러 영국으로 향했다. 그가 가진 것이 있었을까. 그야말로 아무것도 없는 곳, 소나무와 초가만 보이는 울산조선소 부지의 사진 한 장 뿐이었다. 기술력도 자본도 인력도 거의 전무한 상태, 그야말로 모든 것이 궁할 때였다. 아마 다른 사람들 같았으면 후일을 기약하거나 포기했을테지만 그는 달랐다.

　"궁하면 변해야 한다, 변하면 통하고 통하면 영원하다."

　평소 소신대로 그는 발상을 전환했다. 오히려 이러한 궁함이 투자를 이끌어내는 계기가 될 수 있을거란 마음에 영국 버클레이 은행으로 갔다.

　"이것이 무엇으로 보이시오? 저는 이곳에 조선소를 지을 것입니다. 돈을 빌려주면 조선소를 짓고 배를 팔아서 갚을테니 돈을 빌려주시오."

　동양에서 온 회장이란 사람은 너무 당당히 돈을 요구했다. 미심쩍은 마음에 은행장이 되물었다.

　"대체 배를 만들어 본 경험이 있기나 합니까?"

　이때 정주영 회장은 또 남들이 생각지 못한 생각을 하게 된다. 주머니에서 뒤적거리며 지폐 한 장을 꺼내 은행장 앞에 내밀었다.

　"이게 거북선이란 배요. 우리나라는 1500년대 이미 거북선을 만든 나라입니다."

그의 당당하고도 자신감 넘치는 태도에 기가 질린 은행장은 돈을 빌려주는 대신 한가지 조선을 내걸었다. 현대의 선박을 사겠다는 사람이 나타나면 차관을 빌려주겠다는 것이다.

정회장은 또다시 궁지에 몰렸다. 그는 변화를 시도했다. 기존의 방법으론 수주를 딸 수 없는 것은 불보듯 환한 일이었기 때문이다. 그 길로 그는 스코트 리스고 조선소에서 26만톤짜리 선박 설계도면 한 장을 빌려 파리에서 휴가 중인 선박왕 리바노스를 찾아갔다.

"당신이 배를 사겠다고 계약해 주면 이 계약서를 담보로 은행에서 돈을 빌려 조선소를 지은 다음 배를 만들겠소. 어떠시오. 현대가 만드는 첫 배를 당신에게 바치는 영광을 주시오."

아무도 생각하지 못했던 정주영 회장의 맨주먹 마케팅은 통했다. 그리스 3대 선주의 한 사람인 리바노스는 선박 건조의 경험은커녕 조선소조차 없는 현대에 26만톤급 유조선 두 척을 주문했다.

이 계약을 통해 정 회장은 돈을 빌릴 수 있었고 울산 한쪽에 조선소를 짓고 다른 한쪽에 유조선을 건조해 2년 3개월만에 배를 만들어냈다. 궁지에 몰린 그가 변했을 때 통했고, 통하자 현대의 명예는 지금까지 회자되고 있다.

주역에 보면 이런 글이 나온다. 궁즉변 변즉통 통즉구 (窮則變 變則通 通則久), 이 말은 곧 궁하면 변하고 변하면 통하며 통하면 오래간다는 의미다. 변화가 그만큼 중요하다는 것을 뜻하는 말로 상황이 궁하게 되는 것을 두려워하기 보다 그때는 생각을 전환하여 변화하라는 조언일 것이다.

실제 상황이 막히거나 막다른 길에 도착했다고 느껴질 때 사람들은 멈춘다. 더 이상 나아가지 않는다. 거기가 끝인가보다 싶어 주저앉기도 한다. 하지만 길은 꼭 직선 코스만 있는 것이 아니다. 좌회전 우회전을 할 수도 뒤로 돌아갈 수도, 잠깐 신호등을 기다렸다가 갈 수도 있다. 그러므로 방향을 변화시킬 유연성이 필요하다.

정주영 회장은 중공업 분야의 불모지에 조선소를 세우겠다는 일념 하나로 일을 추진해가면서 스스로 궁지에 몰렸을 때가 무척이나 많았다. 그런데 그는 특유의 불도저 정신으로 뚫고 나가되 궁하면 스스로 변하여 통할 수 있는 길을 마련했다. 아무도 생각하지 못했던 맨주먹 마케팅이 좋은 예가 될 것이다. 상황이 궁해지는 것을 두려워할 것이 아니다. 고정관념만 살짝 놓으면 된다.

궁지에 처했다는 생각이 들 땐 스스로 변화를 시도해야 한다. 궁지에 몰렸으니 누구의 도움을 구하거나 주저앉겠다거나 뒤돌아 가겠다는 생각을 전환해야 한다. 과감히 변화를 꾀할 때 통하고 그러한 소통이 오래간다. 그것이 삶을 긍정적으로 바뀌게 만드는 긍정적 액션이다.

김상욱의 희망만들기

평범함에
돌을 던지자.

코미디언계의 큰형님으로 통하는 이경규씨, 그가 대박났다는 소식을 들었다. 워낙 잘 나가는 그가 또 웬 대박을 쳤을까 궁금한 마음에 기사를 들여다보니 모 프로그램에서 창의적인 라면을 선보였는데 그 라면이 제품으로 출시되어 대박을 쳤다는 것이다. 그 라면의 이름은 꼬꼬면, 제품명에서 느껴지듯 꼬꼬면은 닭 육수의 스프맛에 빨간 국물이 아닌 하얀 국물의 시원한 라면을 표방하고 나왔다.

그러고보니 그가 TV 프로그램에 나와 라면을 끓이던 모습이 어슴프레 기억이 나는 것도 같았다. 함께 출연하는 출연진들이 각각 자신만의 독특한 라면을 조리하는 미션 중이었는데 유독 심각하면서도 장엄해 보이던 그의 표정이 생각났다. 그때는 단순히 출연진들의 기발한 라면 조리에 눈이 즐거웠었는데 그것이 제품으로 출시가 되었다니 그저 놀라울 뿐이었다.

꼬꼬면은 출시와 함께 다른 라면 시장을 뛰어넘는 매출을 기록

했다는 것이다. 방송 이후 두 달간의 연구 과정을 거쳐 시제품을 선
보인 뒤 한달 만에 800만개가 팔렸고 본격적인 생산 라인을 가동하
여 다달이 1-2000만개를 생산하고 있다니 그야말로 초대박아닌가.

과연 이 라면이 왜 이토록 선풍적인 인기를 얻었을까. 이경규라
는 코미디언만의 힘은 아닐 것이다. 그의 생각, 1인치를 뒤집은 그
의 창의적 발상 때문이다. 소비자들은 라면=빨간 국물이란 사식을
과감히 뒤집은 제품에 열광했다. 또한 이 제품이 나오기까지 그가
자꾸만 새로운 생각을 하며 시도하는 과정까지 산 것이다.

역발상, 생각을 뒤집는다는 이 말은 이 시대 아주 중요한 키워드
가 되고 있다. 꼬꼬면의 예처럼 라면 국물은 빨갛다는 생각을 완전
히 뒤집어 라면 국물이 하얗게 변했다는 점에 소비자들을 끌어 들
였다. 역발상의 승리였다.

흔히 붕어빵 하면 길거리에서 사먹는 음식으로 모두가 생각하
지만 이 음식을 카페라는 공간 안으로 들여온 카페가 있다. 아자부
(Azabu)라는 카페는 길거리 음식을 고급스런 카페 안으로 들여왔
는데, 길거리에서 먹는 붕어빵을 고급화 하겠다는 역발상에서 시작
되었다. 붕어빵의 유래가 일본의 도미빵인 타이야끼라고 하는데 그
것이 우리나라로 넘어오면서 붕어빵이 되었고, 그것을 카페 안으로
들여온 것이다. 이 카페에서는 국내산 팥 100%만을 사용하고 방부
제나 합성 첨가물 없이 매장에서 주문을 받으면 바로 구워 손님들

에게 제공하는데, 강남 트랜드세터들에게 크게 어필하며 대박을 쳤
다고 한다.

역발상, 기존의 생각을 뒤집은 발상의 전환은 무수히 많다. 아
마 역발상의 대표주자로 구글을 빼놓을 수 없을 것이다. 세상은 구
글이라는 포털 사이트의 성공 신화에 이목을 집중했다. 이전까지는
야후가 전세계를 꽉 잡고 있었는데도 어떻게 구글이 그 아성을 뛰
어넘을 수 있었을까. 여기도 발상의 전환이 큰 힘을 발휘했다.

이전까지 포털 사이트 야후는 전세계를 장악했다. 그에 따라 수
많은 서비스가 메인 화면에 뜨면서 날씨 지도 광고와 블로그 등등
서비스의 홍수였다. 그러나 우리나라와 달리 외국의 경우 인터넷
속도가 그리 빠르지 않다. IT 강국이라 말하는 우리나라가 아닌 외
국에서는 그 많은 서비스창이 다 뜰때까지 포털 사이트를 기다리는
일은 지루할 수 밖에 없을 것이다.

그때 후발주자 구글이 단순함으로 세계 1위를 차지하며 크리에
이티브한 기업으로 우뚝섰다. 구글의 메인 페이지는 구글이란 글씨
하나만으로 단순하게 꾸며져 있다. 그러니 화면이 뜨는 속도도 당연
히 빠를 수 밖에. 사람들은 그러한 단순함에서 오는 속도의 쾌감에
열광하기 시작했다. 또한 기념일마다 구글의 로고를 재미있게 디자
인하여 작은 선물을 제공하는 동시에 빠른 웹서핑을 강조했다. 대신
광고로 인해 얻는 수익은 검색 광고라는 시스템으로 극복했다.

복잡한 서비스에서 단순한 서비스로, 복잡함에서 오는 속도의 둔화를 단순함에서 느낄 수 있는 속도의 쾌감으로 바꾼 구글은 단박에 세계 1위 포털 사이트로 떠오르며 세계적 기업으로 성공한 것이다. 물론 원래 인터넷 속도가 빨랐던 우리나라는 구글보다 네이버라는 포털 사이트가 우위를 점하고 있다. 구글의 전략이 우리나라엔 맞아 떨어지지 않았단 점이다.

역발상 아이디어는 신선함을 주는 큰 힘이 있다. 생각을 조금만 비틀었을 뿐인데, 그것이 사람들의 니즈와 맞아 떨어지는 것이 신기할 따름이다. 한편으로 왜 나는 그러한 생각을 못했을까 아까운 마음에 무릎을 치기도 한다.

역발상은 평범한 삶의 돌을 던지는 것과도 같다. 발상의 전환으로 인해 세상을 즐겁게 되기도 하고 세상이 더 편하게 되기도 하며 세상을 놀랍게 만든다. 그런 의미에서 역발상이야말로 세상을 사람을 변화시키는 긍정적인 자극제란 생각이 든다.

그런데 역발상 자체에만 안주하고 있어서는 안 된다.

얼마전 일본에 대지진이 있었다. 거대한 쓰나미로 인해 참변이 일어났을 때 당시 조업을 하던 어부들에게 긴급 연락이 왔다고 한다. 쓰나미가 몰려오고 있으니 대피하라는. 어부들은 신속하게 대피를 했으나 일부 사람들이 육지로 대피하는 것이 아니라 오히려 수심깊은 바다로 나갔다. 왜 그랬을까. 깊은 바다에서는 해일이 높지 않기에 항구로 가는 것 보다 오히려 더 안전하다고 판단했기 때문이다.

그들의 역발상이 결국 그들을 살렸다. 거대한 쓰나미의 위력으로 마을 전체가 장난감 쓸려가듯 쓸려갔다. 하지만 수심 깊은 바다로 나간 어부들은 목숨을 건졌고 나중에 이런 인터뷰를 했다.

"옛말에 수심이 깊은 바다로 나가면 쓰나미는 높아지지 않는다는 말이 있습니다. 그 말을 믿었어요. 위태로운 상황에서 도망치는 것이 상식이지만, 쓰나미가 오는 방향으로 돌진한 거에요. 그게 정확히 맞았구요."

쓰나미가 오는 방향으로 되돌아간다는 생각은 그들의 역발상이었다. 그런데 말이 그렇지 목숨이 왔다갔다 하는 상황에서 본능적인 행동을 제어한다는 것이 쉬운 일은 아니다. 대부분의 사람들이 쓰나미를 피해 항구쪽으로 갈 때 거꾸로 거슬러 간다는 건 대단한 용기와 배짱이 필요한 일이었을 것이다. 그런데 그 어부들은 거대한 바다 지진을 뚫고 들어가는 행동력을 발휘했다.

이처럼 역발상을 하는 일도 어려운 일이지만 그것을 행동으로 옮기는 일은 더 어려울 수 있다. 생각을 조금 달리하는 것으로 삶이 변화할 수 있지만 그것과 함께 용기와 배짱을 겸비한 실천력도 필요하다. 행동으로 옮기는 것이 더 중요할 수도 있다.

　그러므로 우리는 끊임없이 자신이 하고 있는 생각을 들여다 보아야 할 것이다. 남들과 똑같은 생각을 하고 있지는 않은지, 남들의 생각을 뒤따라 가고 있지는 않은지 점검해야 한다. 자신을 자꾸만 들여보는 가운데 미세한 차이를 발견하게 되고 그것은 발상의 전환을 가져올 수 있다. 자신의 삶을 더욱 긍정적으로 변화시킬 수 있는 역발상을 사모해야 한다. 그리고 발상의 전환에 따른 적극적 행동이 따를 때 확실한 자극제의 맛을 느낄 수 있을 것이다.

바보처럼 꿈꾸고
상상하고 모험하라

행복한 바보들이 사는 마을 켈름이 있었다. 그곳엔 바보라 불리는 사람들이 살지만 그들은 너무나 행복하다. 하루는 켈름의 호수에서 잡힌 가장 큰 잉어가 꼬리로 바로 그로남의 얼굴을 후려쳤다. 마을 사람들은 이 버릇없는 잉어에게 혼쭐을 내기로 결정한다.

"어떤 방법이 좋을까요?"

"아주 큰 벌이 좋을 것 같아요."

마을의 장로들은 머리를 맞대고 어떤 큰 벌이 좋을까 고심을 거듭했다.

"일단 최종 판결이 나올 때까지 이 버릇없는 잉어를 물통에 가둬 살려둡시다."

그리곤 반 년이 흘러 최종판결이 내려졌다. 아주 큰 벌이었다.

"잉어를 물에 빠뜨려 익사시킨다. 만일의 경우, 그 버릇없는 잉어가 물에 빠져 죽기를 거부해 다시 잡히게 되면 특수한 감옥인 연못을 죄수를 가두어 놓는다.”

이 이야기를 듣고 어떤 기분이 드는가. 바보스러운 생각이라기 보다 마치 현실의 틱을 한단계 넘어선 이들의 지혜가 느껴질 것이다.

노벨상 수상자로 널리 알려진 아이작 싱어의 『행복한 바보들이 사는 마을, 켈름』에 나오는 이 이야기는 동화이기도 우화이기도 한 스물 두 편의 이야기 중 한 편이다. 마치 어린이들의 순수한 동심을 엿볼 수 있기도 한 훈훈한 이야기다.

이 책을 읽고 있으면 행복한 바보들이 사는 마을인 켈름에서 살고 싶다는 생각이 든다. 우리가 너무 똑똑한 시대를 살고 있어서다.

얼마 전 이탈리아 패션 브랜드인 디젤(DIESEL)이 재미있는 광고를 내놨다고 한다. ‘스마트? No! 바보가 돼라!’ 는 흥미로운 브랜드 광고에는 바보예찬이 들어있다. 바보가 돼라, 후회 없는 삶을 살기 위한 도전, 스마트한 이들에겐 뇌가 있지만 바보들에겐 배짱이 있지, 스마트에게는 계획이 있지만 바보에게는 이야기가 있다 등의 내용으로 진행된다.

이 광고를 선보인 디젤 측은 한 매체와의 인터뷰에서 이런 말을 했다고 한다. ‘바보는 모든 원초적이고 꾸밈없는 사람들을 일컫는 매우 정확한 단어다. 바보는 위험을 감수할 용기가 있고 아무리 위험해도 새롭고 창의적인 것을 받아들인다.’ 라고.

과연 스마트한 세상이 지배하고 있는 이 시대에 신선한 자극이

김상욱의 희망만들기

되는 말이 아닐 수 없다. 사실 지난해 나를 강하게 뒤흔들었던 차동엽 신부의 『바보 존』의 내용이 오버랩되면서 바보에 대해 생각해보게 되었다.

그러다보니 삶을 새롭게 변화시킬 수 있는 역발상과 잘 맞아 떨어진다는 생각이 들었다. 대부분의 사람들이 상위 1%가 되길 원하는 세상이다. 얼마나 똑똑해지고 싶으면 스마트폰에 그토록 목을 매겠는가.

그런데 획일화된 스마트 세상에서 바보처럼 꿈꾸고 상상하고 모험하는 일이야말로 변화의 키워드가 된다. 'Stay hungry stay foolish'(계속 배고프고 계속 바보스러워라), 애플의 정신적 지주인 스티브 잡스가 이런 말을 했다. 세계적인 CEO인 그도 바보에 Feel이 꽂친 걸 보면 바보가 지닌 아이러니한 매력도 어지간히 컸나보다.

생각해보니 나도 바보를 꽤 많이 봐 온 셈이다. 어릴 적 시골 동네에 바보형이 많았다. 선천적으로 타고난 지능이 낮아 바보짓을 하고 다니는 형도 있었고 워낙 사람이 좋아 사람들에게 당하며 바보같단 이야기를 듣던 형도 있었다. 나이가 들어 세상을 살다보니 이시대 많은 업적을 남긴 분들 중에는 스스로를 바보라 칭한 분도 계셨고, 바보같은 삶을 살다 가신 위대한 분들도 계신다.

그들의 면면을 좇아가 보니 참 닮은 점이 많다. 어쩌면 저렇게 매일 웃을 수 있는지 모를 정도로 늘 웃음과 함께 했다. 웃음이 많다는 건 매사에 긍정적일 수 밖에 없다. 좋은 일이 있을 땐 좋아서 웃고, 기분 나쁜 일이 있을 땐 기분 좋아지려고 웃고 언제나 웃고 있으니 엔돌핀이 생성될 수 밖에.

또한 그분들은 자신이 어떠한 일을 하고 있어도 그 일에 늘 열심이었다. 동네에서 바보형이라 불리던 형님은 가진 것은 하나 없이 남의집 일을 했지만 자신이 맡은 일에 대해서는 우직하리만큼 충성을 다했다. 어떤 날은 하루 해가 저물어 다음 날이 될 때까지 일을 한 적도 있었다. 단순히 지능이 모자랐기 때문에 그랬을 거라고 보기엔 그의 눈빛이 너무 진지했었다. 어찌나 농사일을 좋아하는지 수십년 농사를 지으신 어르신보다 훨씬 손이 빨랐던 것을 보면 농사 분야에서는 그가 동네 최고라 해도 과언이 아니었나.

그들의 공통점을 찾아 가다보니 과연 차동엽 신부의 책 내용이 잘 맞아 떨어진다. 책에 보면 세상의 바보(?)들의 이야기가 많이도 등장한다. 스스로 바보가 되기를 자처했던 그들이 어떻게 세상을 움직이는 거인들이 되었는지 저자는 바보에게서 얻을 수 있는 12가지 교훈을 이렇게 요약하고 있다.

김상욱의 희망만들기

제1계명 – 상식을 의심하라

제2계명 – 망상을 품으라

제3계명 – 바로 실행하라

제4계명 – 작은 일을 크게 여기라

제5계명 – 큰 일을 작게 여기라

제6계명 – 미쳐라

제7계명 – 남의 시선에 매이지 마라

제8계명 – 황소걸음으로 가라

제9계명 – 충직하라

제10계명 – 투명하라

제11계명 –아낌없이 나누라

제12계명 – 노상 웃으라

바보 철학을 통해 얻을 수 있는 긍정의 에너지는 대단하다. 상식을 의심하는 역발상의 시도, 잡을 수 없을 것 같은 꿈을 꾸지만 결국 그러한 꿈꾸기가 현실을 바꾸며, 앞뒤 재지않고 도전에 뛰어드는 열정, 때론 대범하고 때론 디테일한 삶의 자세, 자신의 것을 취하기보다 아낌없이 나눠줄 수 있는 배려와 늘 웃을 수 있는 긍정의 에너지는 스스로 바보가 되는 것에서 시작된다.

지금까지 긍정의 힘에 대해 이야기했던 모든 이야기가 요약되어 있는 듯 하다. 일본 굴지의 기업 혼다의 창업자 혼다 소이치로도 '머리가 좋으면 성공하는데 오히려 방해가 된다. 바보처럼 철저히 몰입할 수 없기 때문이다. 머리 좋은 것은 오히려 방해가 된다. 무턱대고 도전하고 웃으며 바보처럼 일해야 성공할 수 있다.' 라고 말했다.

그러니 스스로 바보가 되는 일에 주저하지 않으면 좋겠다. 또한 바보같은 자신의 면면을 아끼고 사랑했으면 좋겠다. 계속 배고프고 계속 바보스러워라라는 스티브 잡스의 말처럼, 바보같은 면면은 자기 자신을 새로운 세계로 안내해 줄 블루오션이 될 수 있다. 그 생뚱맞고 바보스런 기질이 대단한 창의력을 발휘할 수 있다. 늘 히죽거리며 웃는 바보스러움이 자신과 주변에 긍정적 에너지를 채워줄 수 있다. 언제나 손해만 보고 사는 것 같지만 결국 그것이 자신의 것을 나눠주는 기부가 될 수 있다. 그것은 자신을 투명하게 만들고 섬기는 리더로 이끌어줄 수 있을 것이다.

우리 시대의 최고의 어른으로 추앙받던 김수환 추기경은 스스로를 바보로 칭하신 분이기도 하다. 삶에 대한 겸양 때문에 바보라 칭하셨겠지만 추기경님은 바보의 철학을 온 몸으로 실천하신 분이란 생각이 든다. 성직자들과 함께 있는 자리에도 늘 겸손하게 끝자리에 앉으시고, 허허 거리며 웃는 웃음으로 어린 아이부터 노인에 이르기까지 친구를 자처하셨다. 게다가 한국 현대사에 있어 한 획

김상욱의 **희망만들기**

을 그은 역사적 현장에서는 늘 앞에 서서 앞뒤 가리지 않은 채 실행
하는 분이셨다. 지금은 천국으로 소풍을 떠나셨지만 김 추기경님의
바보 철학이야말로 우리가 배워야 할 바보 역발상이 아닐까 싶다.

지금부터 기꺼이 바보가 되자. 바보가 됨으로써 얻게 되는 새로
운 긍정적 에너지를 만끽해 보자. 주변의 바보들을 무시하지 말자.
우리와 어깨를 나란히 할 동료들이 될 수 있다.

개성이
밥먹여 준다.

요즘 〈나는 가수다〉라는 프로그램이 아주 인기다. 기존의 가수들이 나와 노래 경연을 펼쳐 탈락자가 생기는 서바이벌 형식이란 점에서 그리 달갑지 않지만, 그래도 좋은 사운드와 완벽한 무대를 보는 일은 즐거움이긴 하다. 우리나라에 그토록 노래 잘하는 가수들이 많단 사실에 놀라웠던 나였다.

어느날 우연히 BMK라는 여자 가수를 보게 되었다. 처음에는 오페라 무대에 서는 성악가로 착각할 체형에 놀랐다. 레게 머리로 총총 땋은 헤어스타일을 보고 아닌것은 알았지만. 그런데 그녀는 노래를 참 잘 불렀다. 소울 풍의 음악을 어찌나 느낌 충만하게 부르던지 노래 한곡을 다 들을 동안 TV 앞을 떠나지 않았다.

한편으로 그녀의 무대를 보면서 확실히 요즘의 시대가 개성파 시대가 되었다는 사실을 절감할 수 있었다. 그를 깍아내리려는 것은 절대 아니다. 다만 얼마 전까지만 해도 TV에 나오는 사람들은 비쩍 마른 체형의 아름다운 외모가 대부분이었다. 어쩌면 그렇게 비슷한 친구들을 데려다 놓는지 모를 정도로 모두 훈남 훈녀, 꽃미남 꽃미녀 천국이었다.

그런데 개개인의 능력과 삶이 중요하게 인식되면서 외모 지상주의적인 발상은 한물 간 생각에 불과했다. 이른바 안 생겼지만 그것이 오히려 개성이 된다는 역발상 마케팅이 먹히기 시작한 것이다. 그것의 수혜자가 바로 BMK다. 이 이야기는 개인적인 소신이 아니라 마케팅 사례에 나온 내용이기도 하다. 이른바 개성파 마케팅이라 불린다는 그녀의 성공은 세상의 많은 여성들에게 희망이었을 지도 모른다.

이제는 개성의 시대다. 우리나라가 아무리 성형의 천국이라 할지라도 천편일률적인 외모 지상주의에 일희일비할 필요는 없다. 외모는 외모일뿐이다. 예쁘다에 대한 역발상이 필요하다. 눈코입의 완벽한 조화와 S라인의 몸매만이 제일이 아니다. 예뻐야 성공한다는 발상에서 예쁘게 승화시켜야 성공한다는 발상으로 변해야 한다.

얼마전 일본 아사히 신문은 시니어 페이지를 통해 중장년들에게 좋은 소식을 전했다. 그들은 중장년층이 더 이상 노쇠하지 않고 활기차게 보이도록 변신시키는 프로그램을 진행해오고 있는데 중년층이 가지고 있는 외모의 비자신감을 역발상으로 전환시키는 것이다.

부록 긍정에너지 바이러스

중년층의 자신감마저 앗아가 버리는 것 중에 하나가 헤어 스타일이다. 머리칼이 하얗게 세고 듬성듬성 빠지고 벗어진 것은 중년의 중후함이 아닌 부끄러움이라고 생각한다. 변신 프로그램에서는 외모를 오히려 자신감으로 승화하는 역발상을 보여주었다. 머리가 벗겨진 사람들은 대부분 어떤 식으로든 벗어진 부분을 가리려 안간힘을 쏟고 머리카락을 길러 조금이라도 머리숱이 많아 보이도록 하며 어정쩡한 염색으로 가리려고 한다는 관념을 완전히 깼다.

스타일리스트들은 정형화된 헤어 스타일을 벗어나 비어있는 부분을 오히려 강조했다. 또한 길게 기른 헤어를 짧게 자르면서 있는 그대로 보여주는 것이다. '나 머리숱 없어요. 내 머리칼은 하얗습니다. 하지만 자신있어 보이지 않나요?' 라는 메시지를 외모로 보여주는 것이다. 실제 이 프로그램에서 시도했던 헤어 스타일을 보니 과연 훨씬 세련되면서 새로운 아저씨 머리 스타일이었다. 외모를 바라보는 역발상이 자신감을 불어넣어 준 것이다.

외모는 사람을 돋보일 수 있는 장점이다. 그러나 꼭 아름다운 외모만이 장점으로 작용하는 것이 아니다. 외모의 선입견을 과감히 버리되 외모의 차별성에 집중할 필요가 있다.

마시멜로 이야기로 선풍적인 인기를 이끌었던 작가 호야킴 데포사다의 신작『바보 빅터』에 보면 여자 주인공 로라가 외모로 인해

김상욱의 희망만들기

삶의 의지를 잃고 있는 내용이 나온다. 로라는 어릴 때부터 무척 예쁜 외모로 모든 사람들의 칭송을 받는다. 너무 귀엽고 깜찍한 나머지 유괴를 당할 뻔 하기도 하는데, 그런 딸이 불안한 아버지는 딸에게 못난이라는 별명을 붙여준다. 별명이라도 못난이라고 불러야 덜 위험해질 거란 생각이었다. 약간의 효과도 보였다.

그러나 문제는 로라 자신에게 생겼다. 여기저기에서 못난이라고 불리자 로라는 극심한 외모 콤플렉스를 겪기 시작한다. 어디에 가든 자신감이 사라지고 사람들 앞에 나서는 일이 싫으며 절망감에 빠졌다.

‘나는 할 수 없을 거야.’ ‘내가 어떻게 할 수 있겠어.’ ‘내 주제에 무슨…’ 등과 같은 말을 내뱉기도 하고 생각했다. 이러한 자괴감은 끝내 그의 생각과 의식을 정지시켜 행복할 수도 일을 할 수도 생각을 할 수도 없었다. 로라는 남의 허드렛일이나 하며 밑바닥 인생을 살았고 누군가 아름답단 얘기를 하면 자신을 놀리는 것이라 생각하여 불쾌했다.

그러던 어느날 암기왕 잭의 출현으로 모든 비밀이 풀린다. 잭은 암기왕 빅터의 이야기를 해 준다. 그의 아이큐가 원래 173이었지만 담임 선생님의 편견으로 앞자리 1을 놓친 뒤 73으로 이야기했고 그것을 계기로 바보로 여기며 살았다는 것이다. 또한 생방소쇼 프로그램에 자신의 이야기를 상담하게 된 로라가 부모님으로부

부록 긍정에너지 바이러스

터 못난이란 별명이 어떻게 생겨나게 되었는지 이야기를 듣는다. 악의로 만들어진 것이 아니라 자기 자신을 믿지 못했기에 인생을 허비하며 살았다는 것을 뒤늦게 알게 된다. 자기 자신에 대한 지나친 선입견이 천재를 바보로, 미인을 극심한 스트레스에 시달리는 추녀로 살게 만든 것이다. 로라가 자신이 외모를 판단하는 기준에 얽매일 것이 아니라 자신을 믿고 자신만의 기준을 세웠더라면 행복했을 것이다.

외모가 경쟁력이 되는 시대다. 그러나 이제는 그 앞에 개성있는 외모라는 수식어가 붙는 시대다. 천편일률적인 외형은 잠시동안 눈길을 끌 뿐이다. 조금 생기다 말았다고 해도 그만이 가진 장점을 살리거나, 자신감 넘치는 표정만으로도 대세가 되는 세상이다. 10대 청소년들에게 욕을 먹을 지도 모르겠으나, 10대들의 우상이라고도 하는 몇몇 아이돌 스타들 중에도 기존의 외모의 판단에 빗나가는 친구들도 있다. 어른 세대에 속하는 나로서는 그들이 화면에 나오는 모습을 보며 갸우뚱하기도 했다. 그 아이돌 그룹의 면면을 보니 참으로 조화가 넘쳤다. 조금은 난해하지만 패션 감각이나 헤어 스타일, 무엇보다 자신감으로 똘똘 뭉친 표정과 바디 랭귀지가 보는 사람의 시선을 충분히 잡아끄는 매력이 있었다.

이미 외모의 역발상이 유행을 이끌어가고 있었던 것이다. 그 친구들의 외모가 기존의 미를 판단하는 기준에는 미치지 못할 지언정

김상욱의 희망만들기

그들만의 개성을 120% 발휘하고 있었다. 그러한 자신감과 외모의 역발상이 참 신선한 자극이 된다.

그러므로 바보 빅터에 등장하는 최고의 컴퓨터 기업의 테일러 회장의 말에 귀기울일 필요가 있다.

"자네가 아무리 세상의 기준과 다른 길을 가고 있더라도 자네 스스로 자신을 믿는다면 누군가는 알아줄 거야. 내가 이렇게 자네의 가능성을 발견한 것처럼 말이지. 하지만 반대로 자네가 자신을 믿지 못한다면 그 누구도 자넬 믿어주지 않을걸세."

지금은 개성이 밥 먹여 주는 시대다. 외모를 바라보는 역발상이 필요하다. 물론 그 속엔 자기 자신을 믿는 믿음이 수반되어야 할 것이다. 정신은 행동을 지배한다. 믿음은 외모를 지배한다. 자신의 외모에 살아 숨쉬고 있는 1%의 가능성을 살려야 한다. 그 가능성을 개성으로 승화시킬 때 당신은 외모의 승부사라는 역발상의 주인공이 될 수 있다.

365일 빛나는 긍정 법칙 '하면 되고'
일이 안 되면 잘 될 때까지 하면 되고….

얼마전 평판연구소에서 세계에서 가장 평판이 좋은 나라 1위에 선정된 캐나다의 유명한 유전 개발업자가 있다. 그의 이름은 존 마스터스, 44년간 유전 개발업에 몸을 담그며 검은 식량을 세상에 제공할 수 있게 된 비결에 대해 이렇게 말했다.

"끊임없이 우물을 파는 사람이 성공하고 승리한다는 확실한 교훈을 얻었다. 어리석게 들릴 지 모른다. 그러나 놀랍게도 석유나 가스를 찾고자 한다면 유전을 파야 한다는 사실을 정확하게 이해하는 사람은 드물다. 아무리 훌륭한 유전지도가 있다고 해도 그리고 유전지역을 연구하더라도 석유를 얻으려면 일단 시추를 해야 한다. 나올 때까지."

일이 안 된다는 이유로 긍정과 담쌓고 지내는 경우를 많이 본다. 그도 그럴 것이 일이 잘 안 되면 중도에서 포기하거나 다른 일로 바꿔 버린다. 물론 전혀 불가능한 일이라는 판단이 들 때 정지하고 다

김상욱의 희망만들기

른 길을 찾는 것도 나쁜 일은 아니다.

그러나 긍정적인 삶을 추구한다면 시도했던 일들의 성과와 과정이 좋은 영향력을 발휘하는 것이 좋다. 중도 포기나 다른 일로의 전향은 성공의 경험이 없기 때문에 긍정적인 쪽으로 변화하는 데 시간이 든다. 그러므로 도전을 하고 노력을 하는 과정에서 얻게 되는 긍정적 에너지를 경험하는 것이 좋다.

이때 필요한 긍정법칙은 '일이 안 되면 잘 될 때까지 하면 되고'이다. 성공의 경험을 얻고자 한다면 성공할 때까지 도전하면 되는 것이다.

국민 MC로 추앙받는 유재석씨 역시 될 때까지 하는 긍정 철학이 있었기에 그를 성공 궤도에 올려놓은 건 아닐까 싶다. 그는 고백하기를 자신이 웃기는 재주가 아주 출중하여 교만했었다고 한다. 개그 콘테스트 장려상을 받았을 때도 기뻐하기보다 작은 상에 마음이 상했었다. 상도 받았고 정식 데뷔도 했으니 탄탄대로일 거란 예상은 완전히 빗나갔다. 그는 무대 위에 서면 울렁증으로 기량을 발휘하지 못하고 버벅거리며 무대를 내려오기 일쑤였다. 그러다보니 그를 불러주는 무대는 점점 사라지고 지독한 슬럼프에도 빠졌다. 그러나 그는 일이 될 때까지 도전했다. 끊임없이 무대에 서려고 했고 노력하여 자신만의 개그 색깔을 만들어 나갔다. 결국 거의 무명에 가까웠던 개그맨 생활을 청산하고 이젠 이름 석자만 말하면 누구나 아는 유명 MC로 우뚝서게 되었다. 물론 그의 인성적인 면이나 배려하는 태도, 웃음을 읽는 능력이 출중하지만 그 저변에는 일이 될 때까지 도전하면 된다는 긍정 철학이 있었을 것이다.

1973년 4명이 허름한 창고에서 시작한 일본 전산 역시 될 때까지 노력한 사례라 할 수 있다. 최근에 나온『일본 전산 이야기』에 보면 40여년 세월 일이 되도록 도전하고 노력한 내용이 나온다. 현재 일본전산의 종업원은 13만명이고 연간 매출이 8조원, 초정밀 모터 등 손대는 것마다 세계 1등이 수두룩이다. 기업을 움직이는 사람들은 일류 명문대 출신도 아니요 단순히 밥 잘 먹고 화장실 청소 잘하고 목소리 큰 삼류 출신이란 점에서 눈길을 끈다. 대신 일본 전산은 3류 인재를 선발하되 신속하고 정확하게 노력하도록 기업의 문화를 만들었는데 그들의 기업 정신은 '즉시 하라 반드시 하라 될 때까지 하라' 였다고 한다. 그들은 힘들때 바로 도망가는 사람, 자주 몸이 아파 쉬고 지각하는 사람, 남의 일처럼 논평하는 사람, 끝맺음이 어설픈 사람, 약속 못 지키는 사람은 단호히 해고한다. 그들의 될 때까지 일하는 정신이 세계적 기업으로 이끌어간 것이다.

일이 잘 안될 때 낙심하거나 포기하는 것은 긍정의 세계와는 다른 세상의 이야기다. 긍정적인 삶을 위해서는 일이 안 되면 '왜 안 되지?' 고민하는 것이 아니라 '될 때까지 하면 된다' 생각할 필요가 있다. 될 때까지 해 본다는 마음을 갖고 있는 사람에겐 조급함이

김상욱의 희망만들기

사라진다. 조급함이 사라지면 좀 더 객관적으로 바라볼 수 있는 시선이 생기고 목표를 향해 전략적으로 접근하는 방법을 찾게 된다. 그러므로 일이 안 될 때는 될 때까지 하면 된다.

베토벤은 한 곡을 최소한 12번 이상 고쳐쓰면서 될 때까지 곡을 고쳤다. 미켈란젤로는 '최후의 만천'이 완성될 때까지 그리고 또 그려 10년을 투자했고 사마천은 수집한 130편의 자료를 바탕으로 18년에 걸쳐「사기」를 완성했다.

이글을 읽고 누군가 고난에 부딪혔을때 이 사실을 잊지 않았으면 한다. 고난의 시간들은 좁은 골목길에서 더 단단하고 광활한 길로 나아가기 위한 하나의 과정일뿐이라는 것을 말이다.

지금부터 나는 365일 빛나는 긍정법칙으로 "하면되고", "할 수 있고", "해야하고" 잘될때까지 "하면된다"는 신념으로 인생후반전을 "바른말", "바른일", "바른사람"으로 살아가리라 굳게 다짐한다.

더불어 살아가는 기쁨이란 희망을 만들고, 그 희망의 중심에는 사람이 있고, 사람을 사랑하는 일임을 새롭게 깨달으며 이글을 읽는 독자들에게 임진년 새해 기쁨충만 건강다복 만사대길 하길바라면서 글을 마친다.

- 경기도 시흥 물왕저수지 일출을 바라보며

문화기부은행

문화기부은행 설립취지

문화기부은행은 문화예술분야에서

문화소외계층을 위한 혁신적인 기부문화를

확산시킴으로써

사회적 문화편중을 해소하고,

누구나 평등한 문화적 권리를 향유토록

문화적 '희망만들기 운동' 을 통해 사회적 기여를 한다.

문 화 기 부 은 행 의 사 명

"문화소외계층의 행복추구"

|문화기부은행의 사명|

· 문화예술분야에서 문화소외계층의 문화향수권을 회복하여 문화평등과
　삶의 질 향상
· 따뜻한 자본주의 실현을 위한 사회 운동으로 새로운 기부문화

|경영철학|

· 창조적 사고, 합리적 가치제안, 효율성 추구로 공생공감한다.

|사업목적|

· 문화예술분야에서 나눔과 체험을 통한 행복한 삶의 가치를 제공한다.

|성공요소|

· 자발적인 참여와 활동을 유발하는 사업모델
· 문화적 욕구와 참여의식이 높은 사회적 조류
· 문화예술분야의 맨파워 및 마케팅역량

|차별화 수단|

· 지역거점 회원제 공동 문화소비제도와 문화멤버쉽 오픈마켓

Donation Bank
5대 문화기획사업

〈Probono Project〉 문화예술나눔

문화예술분야에서 재능나눔을 실천합니다.
지자체와 제휴하여 열악한 환경의 청소년들의 문화예술 재능을 발굴 육성 교육을 실천합니다.

〈Pao Gallery〉 파오 갤러리

〈파오 갤러리〉는 문화기부은행이 운영하는 이동식 '콘서트미술관' 입니다. 여러 개의 이동식 컨테이너를 통해 공간구성을 하고 일정 기간 동안 음악, 미술축제를 운영합니다.

〈Art Rental〉 미술품 임대사업

문화소비자가 선택한 미술품을 임대합니다. 미술품 임차인은 일정기간 임대 후 작품 교환 및 소유가 가능합니다.

〈문화패스〉

〈문화패스〉는 재능기부, 자원봉사, 현물, 후원금에 대한 포인트를 적립하여 가맹점에서 현금처럼 결제가 가능한 멤버쉽카드입니다.

〈영앤올드 음악스쿨〉

청소년과 시니어가 음악적 재능을 나누고, 음악활동에
공동 참여하는 나눔과 체험의 플랫폼입니다.

Donation Bank
문화 비전 사업

문화소외계층을 위한 문화기부 수혜자
연간 50만명 이상 유지 (지자체 제휴)

문화기부은행의 전세계 네트워크의 구축과
〈문화기부세계화재단〉 설립 – 해외교포 10만명 고정회원 네트워크 목표

문화기부운동의 지속적인 발전을 위한
〈문화예술매칭펀드〉 결성

문화소비자들의 문화향유 기회 확대와 문화정보의
접근성 향상을 위한 문화사교클럽–〈문화플랫폼〉구축사업

〈대한민국 문화기부 대상〉 제정
' Korea Cultural Donation Awards ' (문화기부은행 연차총회 병행)

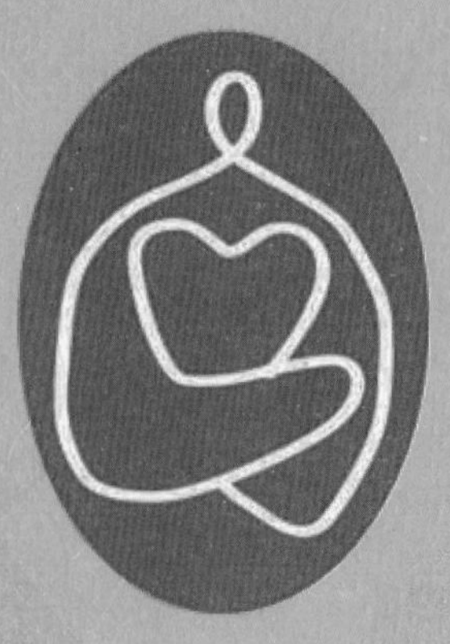

문화기부은행 브랜드는
문화예술분야의 사회적 불평등을 해소하기 위해
문화예술분야에서 수입의 1%를 기부하는
기부문화의 새로운 심벌 아이콘입니다

www.기부은행.kr
www.기부은행.com
www.donationbank.kr
www.donationbank.net
www.donationbank.co.kr
www.donationbank.or.kr

TEL | (02) 544-0400 서울시 서초구 방배4동 834-23 광명빌딩 401

도서출판 **행복에너지** 에서는

출판 및 기타 홍보물을 의뢰받아
기획 디자인 제작대행 해드리고 있습니다

● **제작 · 대행 업무**

출판 Publishing _ 자서전, 전기, 소설, 시집, 사보, 회사 연감

편집디자인 Editorial Design _ 브로슈어, 팜플랫, 카달로그, 리플릿, 회사 소개서

그래픽디자인 Graphic Design _ C · I (회사심벌), B · I (제품심벌)

● **출판제작과정**

출 판 제 작 과 정

1. 주문의뢰
2. 고객과의 디자인 방향 협의
3. 제품시안 제시 및 반복 수정 작업
4. 고객님의 최종 결정
5. 제품 제작 및 자료 전송

※ 특수 주문에 따라 일부변동 가능

도서출판 **행복에너지**

www.Happybook.or.kr
☎ 0505-613-6133